法学教育与实践教学研究

王丽媛　著

延边大学出版社

图书在版编目（CIP）数据

法学教育与实践教学研究 / 王丽媛著. -- 延吉：
延边大学出版社，2022.9
ISBN 978-7-230-03824-9

Ⅰ. ①法… Ⅱ. ①王… Ⅲ. ①法学教育－研究－中国
Ⅳ. ①D92-4

中国版本图书馆 CIP 数据核字(2022)第 167921 号

法学教育与实践教学研究

著　　者：王丽媛
责任编辑：乔双莹
封面设计：正合文化
出版发行：北京人文在线文化艺术有限公司
社　　址：吉林省延吉市公园路 977 号　　　邮　　编：133002
网　　址：http://www.ydcbs.com　　　　　E-mail：ydcbs@ydcbs.com
电　　话：0433-2732435　　　　　　　　传　　真：0433-2732434
印　　刷：三河市龙大印装有限公司
开　　本：710×1000　1/16
印　　张：12
字　　数：200 千字
版　　次：2023 年 1 月 第 1 版
印　　次：2023 年 1 月 第 1 次印刷
书　　号：ISBN 978-7-230-03824-9

定价：68.00 元

前　言

　　近些年，我国法学教育取得了巨大成就，人才培养规模和质量不断提升，法学教育体系基本形成，法学理论研究和知识创新不断发展，为国家法治建设培养了数以百万计的法学人才。当然，法学教育和法学人才培养也存在着一些问题和不足。在法学教育中，基础理论教学与实践教学是并行不悖的，二者相辅相成，同等重要。在开展法学教育时，除注重基础理论教学外，还要注意实践教学。

　　本书围绕法学教育与实践教学研究展开论述，在内容编排上共设置七章，第一章概述了法律与法学教育基础；第二章阐述了法学教育的方法与应用；第三章探讨了法学教育人才培养的目标及模式；第四章是对诊所式法学教育的研究；第五章论述了法学实践教学的课程体系；第六章对法学实践教学的保障与优化进行了探讨；第七章从人工智能、大数据思维与"互联网＋"背景下法学实践教学平台的角度，探讨了创新技术在法学实践教学中的应用。

　　本书系吉林省哲学社科规划基金项目"市域社会治理背景下吉林省应用型大学社会服务能力提升路径研究"（20221B150）、2022 年度吉林省青少年发展研究计划"新业态发展视域下吉林省政产学研用协同育人创新生态系统构建研究"（2022-jqy129）、2022 年吉林教育厅项目"后疫情时期吉林省公共卫生安全领域公益诉讼研究"、吉林省高教科研课题"产教＋科教耦合驱动下应用型大学服务吉林省创新型省份建设策略研究"（JGJX2022C95）的阶段性成果。

　　笔者在撰写本书的过程中，得到了许多专家学者的帮助和指导，在此表示诚挚的谢意。由于笔者水平有限，加之时间仓促，书中所涉及的内容难免有疏漏之处，希望各位读者多提宝贵意见，以便笔者进一步修改，使之更加完善。

王丽媛

2022 年 6 月

目 录

第一章　法律与法学教育基础

第一节　法律的本质与特征

一、法律的本质

法律是由立法机关或国家机关制定，国家政权保证执行的行为规则的总和。法律包括宪法、基本法律、普通法律、行政法规和地方性法规等规范性文件。法律体现统治阶级的意志，是阶级统治或阶级专政的工具。法律通过规定人们的权利和义务来分配利益，从而影响人们的动机和行为，进而影响社会关系，实现统治阶级的意志和要求，维持社会秩序。

同政治一样，法律是从人们的经济生活条件、人们的生产方式和产品交换方式中引导出来的，是统治阶级意志的体现。统治阶级为了维护自己的统治，需要以法律的形式表达和贯彻自己的意志、维护和实现自己的利益。因此，法律从产生之日起，本质就是统治阶级意志的体现。这一本质包含着丰富而深刻的思想内容，具体表现为以下三点。

（一）法律是统治阶级意志的反映

所谓统治阶级就是掌握国家政权的阶级，法律不是个人意志的反映，也不是社会所有成员意志的反映，而是政治上、经济上占统治地位并掌握国家权力的统治阶级意志的反映。法律中蕴含的统治阶级意志，是统治阶级的整体意志，即共同意志，而不是统治阶级中个别集团、个别成员的意志，也不是统治阶级中每个成员意志的简单相加。

（二）法律是上升为国家意志的统治阶级的意志

统治阶级的意志体现为法律，是通过一定的个人和机关的活动来实现的。在阶级社会，个人、机关总是一定阶级意志的代表。但是，并非一般统治阶级的意志都是法律，只有统治阶级的国家意志才是法律。具体来说，通过国家制定或认可的、有普遍约束力的，并以国家强制力保证实施的统治阶级意志，才是法律。

（三）法律的内容是由统治阶级的物质生活条件决定的

要真正认识法律的本质，还必须深入认识决定统治阶级的物质生活条件。物质生活条件培植了人们的法律需要，同时又决定着法律的本质。统治阶级的物质生活条件主要是指地理环境、人口状况、生产方式等，其中有决定性意义的是被一定生产力水平所制约的生产关系、经济条件。需要注意的是，国家意志性和物质制约性是辩证的统一体，因此要反对只强调物质制约性和只强调国家意志性。任何统治阶级的法律都是由这个阶级的物质生活条件决定的。

二、法律的特征

法律是由国家强制力保证实施的。法律的实施以强大的国家力量作后盾，而道德、纪律等其他行为规范主要依靠社会舆论、信念、习俗和教育等力量保证实施，这是法律区别于其他行为规范的最主要特征。法律具有以下基本特征。

（一）法律是一种特殊的行为规范

社会规范亦称"社会标准"，是某一社会群体中人们的共同行为规则的总和，是调整人与人之间关系的准则。社会规范通常分两大类：强制性的，如法律规范；非强制性的，如道德规范、宗教规范、习俗礼仪等。不同的社会规范各有其不同的特点和作用，是一定社会文化的产物。法律作为一种特殊的社会规范，具有规范性、概括性、可预测性等特点。法律的规范性规定了人们在一定情况下可以做什么、应当做什么或不应当做什么，也就是为人们的行为规定了模式、标准和方向。法律的概括性是指法律是一种抽象、概括的规定。法律的概括性具体表现在以下几点：法律的对象是一般的人或事而不是特定的人或事；在法律生效期内，法律是反复适用的，而不是仅适用一次的；同样情况同样适用，即"法律面前人人平等"。法律的可预测性是指法律在实际与实践的运行过程中的事先预判以及对可能出现的结果所作的预测。法律规定了人们的行为模式，从而成为评价人们行为合法不合法的标准。

（二）法律是由国家制定或认可的社会规范

法律是由国家制定或认可的。经过一定的法律程序制定和认可，是国家创制法律的两种基本形式；道德等其他行为规范不是由国家制定的。所谓"国家制定"，是指特定国家机关按照法定程序，制定法律、修改和废止现有法律的活动。所谓"国家认可"，是指特定国家机关根据实际需要，以一定形式赋予在社会上已经存在的某些习惯、道德规范等以法律效力的活动。

（三）法律是规定人们权利义务的社会规范

法律是通过规定人们的权利与义务来实现统治阶级意志、调整社会关系的。国家把有利于统治阶级的现实社会关系加以规范化，概括为人们遵守的一般准则。法律指示人们什么行为是可以做的，什么行为是必须做的，什么行为是禁止做的，这些在法律上就表现为权利和义务。

（四）法律是以国家强制力保证实施的社会规范

实施法律是运用法律来调整社会关系和社会秩序，从而使法律所体现的统治阶级意志在社会生活中得到实现。法律是不会自然而然、轻而易举地得到实现的，要保证法律真正得到实施，就要有一整套统一的、强大的暴力手段，它既能够迫使人们在日常生活中遵守法律，又能够对违反法律的人进行有效的惩罚。这种手段，正是国家机器本身。任何社会规范都有赖于某种强制力来保证实施，但只有法律是以国家强制力来保证实施的。国家强制力主要包括军队、警察、法庭、监狱等。它的运用必须以合法为前提。如果没有国家强制力作保障，法律就不可能在全社会范围内得到实施，它只会成为一纸空文。

（五）法律是对社会具有普遍约束力的社会规范

法律对全体社会成员具有普遍约束力。在法治社会里，公民在法律面前一律平等，任何人都没有超越法律的特权。每个公民都平等地受到法律的保护，平等地享有权利和履行义务；任何人不论职务高低、功劳大小，只要触犯国家法律，都必须承担相应的法律责任。

第二节　法学教育的源流

不管是东方还是西方，法学教育都是与法律文化相适应的。笔者下面主要讲述我国古代法学教育和当代法学教育。

一、古代法学教育

法学教育是法学的基本问题，法学教育水平是影响法学发展的重要因素。我国古代存在法学，也存在与之相对应的法学教育。我国古代法学教育在不同历史阶段有着不同的特点。

（一）周朝时期的法学教育

公元前 1046 年，西周王朝建立，定都于镐京。在西周王朝，就已经出现了对基层官吏进行法学教育的制度，其中包括民事、刑事案件的审理、诉讼审判制度、监狱管理等各方面的教育。

（二）春秋战国时期的法学教育

到了春秋战国时期，因为社会生产力的发展所引起的经济关系和阶级关系的变化，以及周王作为天下共主地位的逐步丧失，礼乐制度不断受到破坏，周王朝逐步解体，"法"开始成为一种新的社会规范，用以调整当时的社会关系。正是在这种背景下，法学教育开始兴起，出现了开设私塾传授法律知识的现象。

（三）秦国时期的法学教育

公元前 221 年秦王政（即秦始皇）统一六国，建立中国历史上第一个中央集权君主专制的统一王朝——秦朝。为维护君主专制统治，加强思想控制，秦朝在法学教育方面实行"以法为教，以吏为师"的教育制度。百姓和一般的官吏若要学习法律，必须向法官、法吏学习。百姓若要学习文字，只能向政府官员学习。刚刚发端的法学教育就这样被严格控制在政府手中。

（四）西汉时期的法律教育

公元前 207 年，秦朝的统治者在起义军的包围下，被迫出城投降。威名显赫的秦朝，仅存在十几年就灭亡了。秦朝灭亡后，拥有重兵的项羽自封为西楚霸王，封刘邦为汉王。双方为争夺帝位，展开争战。刘邦打败了项羽，统一了全国，于公元前 202 年建立汉朝，定都长安，史称西汉。后来，汉武帝接受董仲舒的建议，把儒家学说立为正统思想，使儒家忠君守礼的思想成为大一统政权的精神支柱。汉武帝还在长安兴办太学，培养统治阶级需要的儒学人才，儒士也进入各级政权机构。从此，儒学居于主导地位，法学教育开始受到儒家的影响并逐步儒家化。此外，立法指导思想、立法程序和司法制度方面也逐步受到儒家的影响。在此期间，法学教育仅仅是官吏的技能教育中的一项，在社会中的地位不高，可以说法学教育依附当时的儒学教育而存在。但是这种情况到东汉后期逐步得到了改变。因受到学术上经典注释学派的影响，社会中出现了法律注释学派，这一学派重在研究律学，即研究立法原则、法律术语与概念等。中国古代学派中，一些对律学有研究的学者常常将自己的见解著于书中，这些著作中的思想或观点有时还会被统治者采纳。

（五）东汉末年及两晋南北朝时期的法学教育

东汉末年的农民起义和军阀割据，结束了汉朝大一统的局面。魏、蜀、吴三国的鼎立，使分裂的中国走向局部的统一。随后西晋虽统一了全国，但不久又陷入分裂的局面。此后的东晋、南北朝时期，多个政权并立，政局纷乱复杂。但正是在魏晋南北朝时期，各民族之间加强了交往、交流与交融，区域的开发尤其是南方经济得到发展，科技文化有着显著的进步。正是在这段社会动荡的历史时期，我国的法学教育得到了一定的发展，由原先的幼稚期逐步走向成熟期。除法学教育外，立法技术、法典体例、法律形式等诸多方面都得到了发展。当时出现了专门负责教授法律知识的官职——律博士。律学不再依附于其他学科，开始发展成为一门独立的学科，法学教育开始步入正规教育之列。

（六）隋唐时期的法学教育

南北朝之后，进入隋唐时期。这一时期比较重视对专门法律人才的培养。如唐朝的国子监设置了六学，即国子学、太学、四门学、律学、书学和算学。唐朝这种对专门法律人才的培养可以说是古代在法学教育上的进步。

二、当代法学教育

（一）法学教育恢复发展阶段

自 1977 年恢复高考制度以后，中国的法学教育开始恢复和发展。邓小平多次强调全国政法人才严重缺乏，动员法学专业人员归队。1978 年底召开的中共十一届三中全会更是揭开了改革开放和社会主义现代化建设历史新时期的序幕。正是在这样的时代背景下，我国法学教育事业获得了新生和发展。

（二）法学教育改革发展阶段

随着我国经济社会的发展，社会主义市场经济体制的建立，依法治国基本方略的提出和实行，我国的法学教育得到了极大的发展。中共中央、国务院于1992 年制定的《中国教育改革和发展纲要》，规定了教育发展的目标和任务。这一阶段，我国法学教育的目标就是立足于中国特色社会主义现代化建设现实，顺应经济、政治和教育国际化趋势，坚持面向现代化、面向世界、面向未来，逐步建立起面向 21 世纪、具有中国特色的法学教育体系。

（三）法学教育创新发展阶段

中国共产党第十八次全国代表大会以来，以习近平同志为核心的党中央围绕全面依法治国提出了一系列新理念、新思想、新战略，为法治中国建设提供了根本遵循，推动社会主义法治建设取得了历史性成就，开启了社会主义法治国家建设的新征程，也开创了中国法学教育改革的新局面。近年来，国家统筹推进世界一流大学和一流学科建设，一些高校的法学专业进入"双一流"建设学科名单；开展高等学校与法律实务部门人员互聘"双千计划"，多措并举提高法学教育水平；特别是在法学教材方面，加快推进马克思主义理论研究和建设工程重点教材编写，努力为培养社会主义法治建设者打好基础。我国还将大力推进马克思主义理论研究和建设工程法学教材的统一使用工作，推动各专业的法学教育沿着正确方向前进。

中国法学教育在改革中焕发蓬勃生机，日益走向繁荣，对于推进法治工作队伍正规化、专业化、职业化发挥了重要作用，为建设社会主义法治国家提供了人才保障。未来，法学教育要坚定道路自信、理论自信、制度自信、文化自信，在坚持马克思主义法学基本观点、基本方法的前提下，弘扬优秀传统法律文化，吸收借鉴国外法治建设的有益成果，推进法学知识创新、理论创新、方法创新，建立中国特色法学学科体系、学术体系、话语体系，为法学教育增强历史底蕴、赓续文化基因、注入时代精神，不断开创新时代法学教育新局面。

第三节　法学教育的一般原理

一、法学教育的三维度人才培养定位

法学教育对于我国培养高层次法学人才，传播和弘扬法治理念，促进法治中国建设意义重大。法学教育的三维人才培养定位需以中国法治为基础，以法律共同体建设目标为中国法制化进程之里程碑。具体来讲，中国法学教育就是要培养三维度的法学人才，即思想有深度、知识有广度、实践有力度的人才。

（一）思想有深度

中国法学教育在思想上，要求人才具有法律理性思维、夯实法律知识、牢固掌握法律技术。法学教育应注重培养学生的思维深度，从整体上提高学生的思维高度，让他们能以批判性思维应对问题。该维度目标的实现，需以法学理论教育和实践训练作为法学教育的重点。

（二）知识有广度

我国高校法学专业学生除全面系统地学习法学专业知识外，还应当学习与掌握其他学科的知识，特别是法学相关学科，以便在实践应用中，能够以综合性知识来达到学以致用的效果。因此，法学要协同其他学科共同致力于知识间的迁移互动，以积聚式和储备式的方法融会各教科研领域的知识，最终在人才培养层次上，培养出一大批具有相关实践工作经验的高素质法律专业人才。

（三）实践有力度

法学专业是一个理论性和实践性很强的学科，法学理论教学和实践教学必须有效结合。我国法学本科教育目标的核心就是着重对学生法律实践能力的培养和提高。这体现在法学教育与法学教学上，其主要表现为法学教学的方法应当多样化，在注重理论教育的同时强化案例、诊所式等教学，通过实践教学提高学生的综合能力，增强学生对法律共同体的认同与职业伦理意识。这就需要增强实践教学的实施力度，加大对实践教学的理论研究。

从以上三个方面的阐述可以看出，在三维度法学人才培养中，将实践教学置于相当重要的地位。三维度法学人才的目标定位是高校法学教育的一种探索，当然也有其他说法，但无论如何法学教育中的实践教学问题已经成为法学教育研究的重点问题。

二、专业方向的设置与法学人才的培养

在社会主义市场经济条件下，法律服务方向和内容的调整所遵循的主要是市场供求关系的调节。在我国经济快速发展的今天，学校在专业人才培养上，应遵循市场发展规律来确定人才供求数量，并以学校相关环境变化为调整方向，结合学校自身变化、外部环境变化及其学生本人意愿和兴趣爱好来共同调整。对于本科生而言，大学学习主要是打基础的过程，掌握的知识面应广一些。以国际法学专业本科学生学习为例，该专业学生应掌握国内法律基础知识，否则，国际法学教育难以成功。

三、教研室机构的设置和教员的素质要求

我国法学教育的专业设置以学生为基础，并与教研室体制相配套。因此，专业划分的改革也必然与教研室体制的改革相关。

目前我国的教研室遍布于诸多法律院系下面，充当学术研究、教学结构和

行政管理机构的角色。该体制的建立，一方面对教员培训大有裨益，另一方面有利于教员的学术研究水平、教学水平的提升。但在进入新的发展阶段之后，这种体制已经无法适应时代的需要。当然，教研室体制的改革不能孤立进行，它必须和专业设置的改革和高教人事制度的改革密切联系在一起。

新发展阶段教研室体制的发展脚步一直不曾停歇。2022 年 6 月 11 日，教育部首批虚拟教研室建设试点"法学专业虚拟教研室"启动会在线上举行。中国人民大学校长刘伟表示，法学专业虚拟教研室将以现代信息技术为手段推动共建共享，利用现代信息科技赋能法学教学研究，把社会主义法治国家建设实践的最新经验和生动案例带进法学院校的课堂教学中，大力推进习近平法治思想进教材、进课堂、进头脑。

法学专业虚拟教研室的组建，对整合法学院校优质教学资源、促进提高法学教育教学质量和水平具有重要意义。此外，法学专业虚拟教研室应加强法学理论研究，开展与智能司法领域的理论研究；推动科研成果落地，协同解决智慧司法领域的难题；推动资源开放共享，发挥共享平台的优势；扩大互联网司法影响，增强我国网络空间治理的国际话语权和规则制定权。法学专业虚拟教研室为中国法学实现跨院系、跨学校、跨地区的研究探索、开拓出了一条崭新的路径，将汇聚更多的教研成果，使更多法学专业师生受益。

第四节　法学教育的重要内容
——法律论辩

法律论辩是法学教育的重要内容，在本节，笔者将重点讲解法律论辩的要素和应用。

一、法律论辩的构成要素

作为一种法律活动，法律论辩有其特定的构成要素。法律论辩的构成要素包括法律论辩的主体、法律论辩的客体及法律论辩的内容三个方面。三个要素相辅相成，缺一不可，使法律论辩形成一个有机整体。

（一）法律论辩的主体

法律论辩是一种法律活动，是一种多人围绕事实和法律展开的活动，因此没有主体，法律论辩自然无法进行。主体是法律论辩的第一要素。法律论辩为解决纠纷而展开，因此论辩主体至少有两方，有时甚至存在第三方，如民事诉讼中和行政诉讼中的第三方。如果不存在对立的两方或者三方当事人，法律论辩自然也就不可能存在。

1.当事人

当事人，是指以自己的名义参与诉讼，并要求人民法院保护权利或者法律关系，受人民法院裁判约束的自然人、法人或者其他组织。在不同性质的诉讼中，当事人的称谓也有所不同。在民事和行政诉讼中，当事人被称为原告、被告、第三人；在二审程序中，当事人被称为上诉人和被上诉人；在刑事诉讼中，当事人则被称为被告人、被害人、自诉人以及附带民事诉讼原告人和附带民事诉讼被告人。在解决各类纠纷中，为维护自己的合法权益，上述各种不同的当事人之间显然要进行法律论辩。

2.诉讼代理人和辩护人

诉讼代理人，即接受当事人的委托或者法律援助机构的指派，为当事人的权益而参与诉讼的人；辩护人，特指在刑事诉讼中，接受被告人的委托或者援助机构的指派为被告人辩护的人。这些诉讼代理人或者辩护人为维护当事人的合法权益，在各类诉讼中需要与对方进行法律论辩。

3.公诉人

公诉机关是代表国家执行公诉职能，依法向法院提请追究被告人刑事责任的机关。在我国，行使公诉权的主体只能是检察机关。《中华人民共和国刑事诉讼法》（以下简称"刑事诉讼法"）第一百八十九条规定："人民法院审判公诉案件，人民检察院应当派员出席法庭支持公诉。"出庭支持公诉的检察人员即为公诉人。在诉讼中，公诉方总是先于被告人及其辩护人宣读公诉书以及公诉词，引起法律论辩。

法律论辩主要发生在诉讼中，是为解决各类纠纷而发生的，涉及事实的认定和法律的适用，因此对于法律论辩的主体有严格的要求。在诉讼中，为查清案件事实，正确适用法律，需要有其他主体参与诉讼，辅助法律论辩的展开，但他们不是法律论辩的主体。例如，审判人员，他们居间主持推动诉讼程序的开展，其中立的地位决定了他们不能参与法律论辩；再如证人、鉴定人、勘验人、翻译人等其他诉讼参与人，也都不是法律论辩的主体，他们参与诉讼并非以维护自己或者当事人的合法权益为直接目的，只是为协助解决法律纠纷。

（二）法律论辩的客体

法律论辩的客体，即法律论辩所指向的对象，具体言之，就是论辩各方不同的主张和诉求。

实践中，论辩各方不同的主张和诉求，可能是完全对立的观点，也可能是有分歧的观点。前者如行为的罪与非罪。后者如行为的此罪与彼罪或者罪轻与罪重。

（三）法律论辩的内容

法律论辩是双方当事人围绕一定事实和法律进行的法律活动，其必然涉及一定的内容。具体来讲，法律论辩主要涉及的内容包括实体问题和法律问题两部分。

1.实体问题

法律论辩中的实体问题主要是指案件事实和法律适用。在法庭审理过程中，对与定罪和量刑有关的事实、证据都应当进行调查、辩论，经审判长许可，公诉人、当事人和辩护人、诉讼代理人可以对证据和案件情况发表意见并且可以相互辩论。当然，并非所有实体问题都需要法律论辩，只有对案件处理结果具有直接影响的事实和法律问题才是论辩的核心，而那些双方没有争议的事实和依据自然就无须论辩，可以直接成为定案的根据。

当然，在就案件事实进行法律论辩时，任何一方都应当注意做到有的放矢，抓住那些能够影响处理结果的案件事实展开辩论。在刑事诉讼中，根据案件的具体情况，论辩双方会选择论辩重点和核心，可能是罪与非罪，也可能是此罪与彼罪，还可能是罪轻与罪重，那么追诉时效、犯罪的构成要件以及违法阻却事由等就成为重要的论辩事实。在民事诉讼中，诉讼时效、免责事由等会直接影响案件最终的处理结果，因此常常成为论辩的焦点，其他一些无关紧要的事实可以忽略不计。

查清案件事实需要正确适用法律，适用的法律不同，处理的结果就会不同，这将直接影响到当事人的权利，如抢劫罪和抢夺罪，一字之差，刑罚差距就很大。因此，当事人往往对于如何适用法律、适用哪个法律产生分歧，这就产生了进行法律论辩的需要。

2.程序问题

除实体问题外，程序问题也是法律论辩非常重要的内容。虽然实体问题举足轻重，更容易引起当事人的关注，是法律论辩的核心，但程序问题同样不能忽视，程序的合法性和公正性往往是影响案件处理结果的关键因素。如审判人员是否回避，若符合法律规定条件应当回避而没有回避的人员参与案件审判，势必使案件裁判的公正性遭受质疑。当然，对于受诉法院是否有管辖权、当事人是否适格、行政主体做出行政行为时是否违反法定程序等问题，当事人产生分歧时就需要进行论辩。

3.证据问题

案件事实的认定需要证据的支撑，证据在各类诉讼中都起到至关重要的作用。因此，证据当然也是论辩的重要内容。对证据的论辩主要围绕证据的客观性、合法性、关联性三个特征以及证明标准而展开。

（1）对证据的客观性进行论辩。证据的客观性就是指证据无论在内容上还是形式上都是客观存在的，而不是捏造的或者虚构的。不客观的证据有虚假的证人证言，伪造的遗嘱、借条等。

（2）对证据的合法性进行论辩。证据的合法性，是指证据的来源和形式必须符合法律规定。非法取得的证据不能成为定案依据，这就是诉讼中的非法证据排除规则。采用刑讯逼供等非法方法收集的犯罪嫌疑人、被告人供述和采用暴力、威胁等非法方法收集的证人证言、被害人陈述，应当予以排除。收集物证、书证不符合法定程序，可能严重影响司法公正的，应当予以补正或者作出合理解释；不能补正或者作出合理解释的，对该证据应当予以排除。使用肉刑、变相肉刑，或者采用其他使被告人在肉体上或者精神上遭受剧烈疼痛或者痛苦的方法，迫使被告人违背意愿供述的，为非法证据。民事和行政诉讼中同样也有非法证据的存在，如借条书写不规范或者是在被威吓情况下书写的，遗嘱形式不合法，代书人、见证人与被继承人有利害关系等。这些证据在取得方式和形式上都有一定的欠缺，关于其能否使用各方当事人可能存在分歧，就产生了论辩的必要。

（3）对证据的关联性进行论辩。证据的关联性就是证据必须与案件待证事实之间存在一定的联系。关联性证据规则是指证据所要证明的内容必须要与案件事实有关联。关联性是证据被采纳的首要条件，没有关联性的证据不具有可采性。但具有关联性的证据未必都具有可采性，仍有可能因其他情形而不得作为定案根据，譬如被非法证据排除规则排除。因此而产生的分歧，对证据的关联性进行论辩就具有了非常重要的意义。

（4）对证明标准进行论辩。证明标准，又称证明要求、法定的证明程度等，是指按照法律规定认定案件事实所要求达到的程度或标准。刑事诉讼、民事诉讼、行政诉讼三类诉讼中的证明标准略有不同。刑事诉讼中的证明标准是指认定犯罪嫌疑人、被告人犯罪所要达到的程度，即犯罪事实清楚，证据确实充分。刑事诉讼中的证明标准具体表现为：定罪量刑的事实都有证据证明；据以定案的证据均经法定程序查证属实；综合全案证据，对所认定事实已排除合理怀疑。公诉人和被告人及其辩护人可以就上述证明标准展开论辩。

二、法律论辩的应用

（一）刑事诉讼中的法律论辩

刑事诉讼中的法律论辩，是指刑事诉讼主体围绕被告人行为是否构成犯罪、构成何种犯罪、是否应受处罚以及如何处罚、是否因犯罪而承担民事责任以及如何承担民事责任等，按照法定程序，依据相关事实和法律，以口头形式或者书面形式进行的论证和辩论活动。

由刑事诉讼的性质所决定，刑事诉讼中的论辩具有主体多元化、内容多样化以及法律后果不可挽回性等特征。

第一，论辩主体一般分为控方和辩方。但刑事诉讼中，每一方主体又包含了若干不同的主体。具体而言，在公诉案件中，一方为公诉人、被害人及其诉讼代理人，另一方为被告人及其辩护人；在自诉案件中，一方为自诉人及其诉讼代理人，另一方为被告人及其辩护人。

第二，刑事诉讼任务的多样性决定了论辩内容的多样性，包括被告人行为的罪与非罪和此罪与彼罪的认定，是否应受处罚、应受何种处罚，附带民事诉讼被告人是否因被告人的犯罪行为承担民事责任以及承担何种民事责任等。

第三，刑事诉讼是由国家公权力认定行为人的行为是否为犯罪行为，以及行为人承担何种刑事责任的程序。因此法律论辩的结果涉及对人的自由和生命的限制与剥夺，意义重大。

（二）民事诉讼中的法律论辩

在民事诉讼中，法律论辩是指当事人及其诉讼代理人以从事实或者法律上解决双方之间的争议或者纠纷为目的，依据有关事实和法律，在法定程序下，以书面或口头形式展开的论证以及辩驳活动。

这里的"民事诉讼"为广义的民事诉讼，不仅包括一般民事诉讼案件，还包括了知识产权案件、劳动争议案件、商事案件等专门案件。但无论是哪一类民事诉讼案件，法律论辩都同样具有论辩的共性，是论证和辩驳的统一，目的均为查明事实，正确适用法律。

与其他法律论辩相比，民事诉讼中的法律论辩具有以下特点：

第一，平等性。民事纠纷发生于平等主体之间，因此民事诉讼中双方主体也具有鲜明的平等性，这也是民事诉讼与刑事诉讼和行政诉讼的显著区别。

第二，对抗性。民事诉讼因双方主体之间的民事纠纷而产生，参与诉讼的双方当事人均希望通过审判来维护自己的合法权益，其法律论辩必然表现出针锋相对的激烈对抗。

民事诉讼中法律论辩的内容与刑事诉讼相同，主要包括开庭陈述、质证以及总结发言等部分。

第二章　法学教育的方法与应用

第一节　法教义学的价值与实现

一、法教义学的价值

当下中国的法学研究越来越呈现出一种"流派化"发展的趋势。这种流派化发展的重要特点在于，法学研究越来越呈现出一种方法论上的自觉。法教义学就是其中一种方法论范式。法教义学是一门将现行的实际法律秩序作为坚定信奉而不加怀疑的前提，并以此为出发点开展体系化与解释工作的规范科学。法教义学，指固有意义上的法学，其主要活动包括对现行有效法律的描述、对现行有效法律从事法概念体系研究，以及提出解决疑难问题的建议（规范实践）。法教义学研究以规范现象的身份而出现的法律，因对现行法秩序的合理性保持确信，故而总是以一国现行实在法秩序为工作的基础及界限，并在此背景下开展体系化与解释的工作。在实践方面，它坚持认知主义的立场，主张现实问题的有解性，以实现更多具体细节上的正义为目标。法教义学是在大陆法系背景下产生、发展、完善起来的具有科学性、实践性和开放性的法学理论体系。法教义学有其独特的价值，具体表现为法律职业需要层面的价值、司法审判需要层面的价值和法学教育需要层面的价值。从法律职业需要的角度考虑，法教义学通过对法律概念、规则、原则等进行一系列的阐释，使法律人对法律的理解在法律职业共同体内形成某种共识，在一定程度上减轻法律人的论证负担；从司法审判需要的角度考虑，法教义学为司法活动输送法律论证资源，进而增加法律的确定性，也使法官的自由裁量权得以控制在合理的范围内；从法学教育角度考虑，法教义学有利于增加法学教学的实践性。

基于法教义学价值的考虑，笔者认为，将法教义学应用到我国法学教育中，必将会对法学教学方法的理论研究、法学教育的进步和具体的法学实践教学活动有不小的帮助。

（一）法律职业需要层面的价值

法律具有确定性、普遍性、可诉性等特征，发挥着指引、预测、评价等作用。长期以来，法学家们曾一度把自然法理论作为我们回答法律规范本身的确定性与可预测性问题的理论依托。然而，不断完善的自然法理论至今也无法解答这个问题。法教义学是解决法律的确定性和可预测性问题的一种正确抉择。法教义学在法律思维方式上能给予我们一定的帮助。

首先，法律思维方式可以分为形式法律思维方式和实质法律思维方式两种。在法律实践活动中，运用法教义学的过程就是将这两种法律思维方式结合起来，对具体的案件事实进行分析进而得出结论的过程。这个过程可以确保法教义学是在一个国家的法律规范文本的框架内进行，是运用法教义学从合法性的角度得出最终法律实践活动结论的。

其次，法教义学具有类型化法律思维。从这一个角度来看，法教义学可以从众多的司法案例里分析、提炼、总结出某一类型案件的某些共同要素，然后再按照一定的逻辑对这些要素进行一种体系化的建构，从而使其融入现有的法律规范体系。长此以往，它可以为我们法律人尤其是法官提供分析、解决法律实践问题的一种强有力、合理的技术支撑。作为方法的法教义学既能增加法律的安定性，又有助于法律体系的建构。

最后，法教义学是具有一定的互补性法律思维的。法教义学通过对现有的以学者思维、法官思维和律师思维为代表的法律职业共同体思维进行适当的提炼、分析和整合，以实现多种不同的法律思维之间的优势互补，这对于法律实践活动的各个参与者都是有利的，更有利于司法实践活动的有序开展，这也和我国"和而不同"的思想相契合。

一个融贯的法律体系是确保法律确定性的重要基础。一国的法律体系虽然主要是由立法实践提供基本要素，但它必须经由一定的解释与加工才能成为一个整体。法教义学，是在现实生活中解决法律问题时可以运用的一种稳定、体系化的法律思维方法。它正是在不断对法律条文进行论述、解释、梳理、分析和批判的重复过程中，实现对法律秩序的体系化解释的。

部门法的体系化是法教义学的核心内容。体系化的思维，是法教义学的逻辑主线。具体部门法的体系包括外在体系和内在体系两个方面。外在体系意味着对法律制度和法律事实概念的整理和阐明；内在体系则是通过对法律概念、规则、原则等进行体系化的阐释。这使法律人对法律的理解在法律职业共同体内形成某种共识，减轻了法律人的负担。

（二）司法审判需要层面的价值

在介绍法教义学的司法审判需要层面的价值之前，笔者先简要叙述一下法教义学和立法之间的必然联系。因为如果把法教义学和立法的联系割裂开来，就很难对法律适用过程中的"法官造法"这一做法做出合理的解释。在历史的逻辑原点上，或许只有第一次立法行为产生之后才有法教义学产生的可能。但在后续立法（当代立法活动都属于它）过程中，立法并非从零开始，立法者只能在继续有效的旧法的框架内创设新法。立法者肩负着维系整个法律秩序逻辑体系正确性的责任，即新法不得与继续有效的旧法以及从中推导出和可推导出的教义规则矛盾，除非现行法律被修正或这些教义被放弃。

众所周知，法教义学有稳定性、体系化的功能，同时它更具有一种革新的功能。因此，在此基础上，法教义学在追求立法的科学化、体系化、一致性等方面为立法做出了不小的贡献。一方面，在立法过程中，运用法教义学可以最大可能地减少立法者的个人恣意和专断的可能，进而增强法律的合法性、合理性和安定性；另一方面，运用法教义学还可以揭示一些旧的、不符合现实需要的法律条文，进而加强立法工作，提高立法质量。因此，在规范性的意义上，离开法教义学的立法是不可能的。但这并不意味着要取消立法的形成空间，而只是意味着要对立法者的权力进行理性限制。

在司法实践过程中，法教义学通过一定的法律思维方式使得法官突破法律规范抽象、复杂的局限性，更好地解决司法实践的具体案件。法教义学通过对具体的案件事实和复杂、抽象的法律条文进行说明、解释、分析及推理、论证，进而建构起稳定化、体系化的法律规范系统，并设定分析案件的步骤，为法律规范的适用提供统一、标准的概念和结构，从而为司法实践问题的解决提供确定性的指引。作为法律和司法实践桥梁的法教义学，在对司法实践进行批判性检验、比较和总结的基础上，对现行法律进行解释，有利于法院及时准确适用相关法律规定公正裁判，从而实现"法安全"和"法公正"。与其他法学研究不同，法教义学本身就是围绕现行法律展开和构建起来的，它诞生的使命就是增进对法律的理解，指导司法实践。

法官在司法裁判中不仅要依据制定法进行裁判，而且要诉诸事先经由法学予以类型化的法教义学，以使得司法裁判最大限度地具备可预测性，进而法教义学从可预测性方面增强法律的确定性。法教义学在裁判路径层面和它的一贯主张是一致的。法教义学主张以一个国家现行的法律规范为解决具体法律问题的起点，最终还要以法律规范作为司法裁判的依据。在除这两者之外的空间里，当适用法律过程中遇法律漏洞时，还可以拿过往经验与合理的价值判决来补充，使得裁判更具合法性、正当性和可接受性。在司法实践中，在疑难案件的处理过程中较多地使用法外理由来进行说理和论证的情形。但是，这种说理、分析、论证和结论的得出必须在法律规范现有的框架内进行。

（三）法学教育需要层面的价值

法教义学是一种符合要求的法律思维方式。教师可以将此法律思维方式传授给法学专业的学生，为满足其以后的职业需要打好坚实的基础。

法教义学的法律思维方式与法学教育是密不可分的。法教义学独特的知识和方法体系最终的服务对象是法律实践活动。法教义学是把书本中极其抽象、复杂的法律规范转变为明确的、与具体案件事实相符合的行动之法的良好媒介、渠道。

应用法教义学的法学教育与司法实践之间是一种双向互动的关系。一方面，法教义学给司法实践提供许多裁判基准，这些裁判基准常被引用，有时会被修正，有时也被错误解读；另一方面，司法实践给法教义学提供大量材料，由这些材料法学才能发展出新的基准。这充分体现了法教义学与司法实践之间的合作和互动，相对于具体的、千变万化的社会事实而言，法律规范的内容总体上来说还是相对抽象、一般的，法教义学对于法律规范的解释及体系化、类型化所做的工作，对于法官而言具有重要的参照或指导意义。对于一些疑难案件或者初次出现的案件，法官往往难以寻找到合适的法律条文进行判决，此时诉诸法教义学也是不错的办法。

从法学教育的角度来看，法教义学在本质上更侧重于对一个国家现行的法律规范进行一系列解释、分析、适用，最终得出一个正当性的、合理性的结论。法教义学为法律创造、法律解释和法律适用提供了强有效的手段和工具，从而为法律实践中遇到的问题的解决提供一种确定性的指引。法学是一门实践性很强的学科，它所指向的是现实中具有争议问题的解决。因此，法教义学可以为法学教育的专门化和职业化提供方法论上的保障，也可以促进法律教学和法律实践的良好互动。

二、法教义学的实现

部门法的法典化是法教义学教学方式的基础，所以加快部门法的法典化建设是法教义学在法学教育中适用的前提支撑。

法典是经过整理的比较完备、系统的某一类法律的总称，如民法典、刑法典。法典具有明确性，法典的明确性能够满足人们的安全需要。建设法典化的法律体系是所有的成文法作为唯一或基本渊源的国家的共同目标，许多国家的立法机关和法律工作者一直在为此做不懈的努力。但是在追求法律体系法典化的同时也应当看到，社会生活总是在不断发展的，已有的法典也需要以单行法规或其他形式不断地补充、完善。所谓法律体系的法典化，只能是就规范性文件系统的基本结构而言。如果片面强调法典化的意义并使之绝对化，就有可能导致法律体系的停滞、僵化，或者使立法脱离社会生活和法律调整的实际需要。

在立法过程中，法教义学通过描述现行实体法并进行体系化研究，主要是通过法教义学将法律规范化、逻辑化、体系化，形成一个前后协调的法律框架。法教义学推动了现实中的法律实践活动，在立法中可以弥补漏洞、填充空白、缓解冲突，以形成一个协调、自治的法律体系。

（一）加强对学生法律思维能力的培养

加强对学生法律思维能力的培养，有利于提高学生的法律素质，使之适应当代中国法治社会的需要。增强法学专业学生的法律思维能力，可以从教育理念、教学课程设置以及教学方法三方面着手。法教义学极其重视法学专业学生的法律思维能力的培养。教师可转变法学教育理念、完善教学课程设置、更新法学教学方法，让法学专业学生熟悉法律规则的内容与体系，将法条背后的原理与精神内化为自己的思维方式，掌握多种法律方法的运用规则，懂得如何运用法律思维。

1.转变法学教育理念

理解一个法条比单纯记忆一个法条更重要。当适用法条时，要理解法条背后的法理依据与逻辑推理方式，掌握立法者的立法本意与立法精神。所以，法学教育应该转变对法学专业学生的培养理念，应该重视学生法律思维能力的培养。教师在课堂上不要只教授法学知识，更要引导学生构筑法律思维方式所需要的合理知识结构，并形象地展示法律思维方式，让学生正确理解法律规范，并运用法律规范解决具体个案。

我国的法学教育也是注重培育学生的法律思维能力的教育。学生在形成法律思维能力的过程中，不仅要理解法条的含义及法条背后的法理，而且要提高自己分析法条及运用法条解决实际问题的能力。

要解决抽象、复杂的法律规范与具体的法律实践的鸿沟，除了要使法律规范的概念及价值适应于生活，更要利用好法教义学这一法律思维方式。当然，这也离不开法教义学的实践品格。在对法教义学的众多研究中，法学家们普遍认同法教义学具有实践品格这一观点。法教义学的内涵中一直包含着实践这个重要的维度，法教义学和法律实践活动之间的关系也正体现了这一点。

2.完善教学课程设置

完善教学课程设置，加大方法论课程的学分，这也有利于加强学生的法律思维能力。

（1）继续重视基础理论课程。学校应重视法理学、宪法、行政法、刑法、民法等 16 门核心课程的教学，还可适当增加行政法、刑法、民法、民事诉讼法等基础部门法课程的学分数，以使法学专业学生重视基础理论课程。这些基础知识都是司法实践中最常用的内容，其中的法理学更是解决新问题、疑难案件的方法来源。

（2）增设法律方法论课程。法律方法是法律人进行专业思考的重要工具。对于任何一门学问的研究来说，都离不开方法的指引，作为传播学问最基本途径的教育，更应当关注方法论问题。法学教育较为关注方法问题。有些学校专门开设法律方法论课程，这不仅能够使学生全面掌握专业的思维方法，更能拉近学生与司法实践的距离。笔者建议，高校如果要开设法律方法论课程，可先在研究生阶段设置，通过研究生的反馈对教学过程进行改进，待课程研究相对成熟后再在本科阶段的高年级开设。

（3）开设法律语言课程。法律语言是指法律工作者在立法、司法等实践工作中所使用的特殊专业语言。不同时代的法律用语多少带有阶级的色彩，但从全部法律语言的材料来看，它并没有独立的语音系统、语法结构系统和词汇系统，法律语言的构成和句法结构受到全民共同语言的影响。不过，法律语言又有自己特有的习惯用语、句型和独特的风格，这是由法律工作的性质所决定的。法律语言主要具有庄重性、严密性等特征，对于法律理论研究和法律实践具有重大的意义。为使法学专业学生掌握法律语言的规律性知识，高校应开设法律语言课程。

3.更新法学教学方法

高校要加强对法学专业学生的思维训练，就必须更新法学教学方法，必须摒弃以往"独角戏"式的讲授方法，采用法教义学的教学方法。目前，法学教育中多运用两种教学方法，即案例教学法和法教义学法。案例教学法是在讲授法学知识理论前、讲授中和讲授后穿插一些典型案例，以提高学生对法条的理解能力。而法教义学法则是选择讲授一些重点案例以引出较为系统的法学理论知识，这更有利于培养学生的法律思维方式。

（1）优化基础理论知识的讲授方法。基础理论的讲授不应仅停留在知识的表面，应深入分析理论的发展及演进过程，包括理论形成的原因、条件、根植的社会背景等。教师可结合课堂问答、小组讨论等教学方式，加强与学生的互动，实现思想的碰撞与交流。

（2）采用模拟法庭训练法等实践性教学方法。模拟法庭训练法通过案情分析、角色划分、法律文书准备、预演、正式开庭等环节模拟刑事、民事、行政审判及仲裁的过程，可以调动学生的积极性与创造性，使学生通过体验不同的职业角色、撰写法律文书等提高知识运用、辨析论证等实践能力。目前，模拟法庭训练法已深入教学实践。练习是提高学生技能的重要方法，主要包括三个阶段：第一个阶段是给学生练习的机会，让学生独立完成教师布置的任务；第二个阶段是纠正学生练习时的错误；第三个阶段是使学生基于正确的认知反复多次练习，直到掌握该项技能。笔者认为，多种教学方法的运用应体现思维训练的过程，让学生在练习、纠错、再练习的过程中提高法律思维能力。

（二）建立系统的法教义学教学体系

法学专业的学习，是为了让学生成为一个谙熟法学知识、通晓法学思维、具备法学理念、具有正义感的人。我国在法学教育方面，应该建立一套系统的法教义学教学体系，从而促进统一的法律思维的形成。

法律职业共同体是以法官、检察官、律师、法学家为核心的法律职业人员所组成的特殊社会群体。在当代中国，依法治国，建设法治国家，是中国社会和法律发展的必然，形成法律职业共同体正成为我国法治社会生活的内在要求，有着深刻而重要的现实意义。法律职业的共识很大程度上来源于共同认可的法律知识、法治理念和法治价值。因此，法律职业共同体首先应当是法律知识共同体，没有共同的法律知识，法律职业共同体建设就会困难重重。法学知识教育或传授在这个共同体建设中具有重要作用。就其实践性而言，法学知识并非由法学家所垄断，法律职业共同体中的每一个人都有义务和责任参与到法学知识的生产和传授过程中。也就是说，法学知识并非仅仅形成于教室，而应在更加宽广的法律实践中得到完善。这个过程离不开法官、律师、检察官以及其他法律人员的共同参与。

法学知识也受法律实践的影响。在个案处理中会产生各种难题，法学知识在解决这些难题过程中的作用和不足，需要及时反馈给法学研究者与教育者，这是构成法学知识形成和积累的一个不可或缺的环节。法学理论知识必须面对实践的检验，法律实践问题及其解决也必须经受法律科学的审视。这就需要建立起法学知识与实践之间的良性互动循环，并在这个过程中形成成熟的法律职业共同体。法学教育、法学研究工作者和法律实务工作者之间的交流互动增多，有利于形成协同研究法律理论、推动法律实践的局面。

在实践活动中，立法者应根据一定的程序创制出具体的法律规定；学者可在法律框架和脉络的基础上，发展、梳理出与立法、司法实践相适应的概念和理论体系。这样形成的一种规则体系，其融合性、体系性是其自身的保证。这一过程是不断调适、完整化与排除的过程，以便于产生一个自我包容的体系。正是因为这种逻辑关联性，理论与法律才能血肉交融成为一体。就如同缠绕在树木上的藤蔓一样，法教义学与实定法之间形成了一种独特的共生关系。学者继而在法学教学过程中通过法教义学法将此与立法、司法实践活动相适应的理论体系教授给学生，这样也避免理论界与立法界、司法界形成各行其是的局面。

第二节　模拟法庭的运行与应用

一、模拟法庭的运行

模拟法庭是一种模拟庭审的教学模式，这决定了模拟法庭教学一般分为五个步骤：①选择案件；②分配角色和角色小组讨论；③庭前准备；④正式开庭；⑤庭后总结及评价。对于学生来说，每一个阶段都应认真对待，积极准备，尤其是第二个环节的小组讨论。模拟法庭教学应以提高学生的综合能力为目标，避免成为单纯的程序训练。

（一）选择案件

选择合适的案件是模拟法庭的第一步，选择的案件应当契合模拟法庭教学目标。模拟法庭教学目标主要有两点：第一，检验学生对相关知识的掌握程度，并加深学生对民事、刑事和行政诉讼法的理解。当然，通过模拟审判也能够加深学生对相关实体法内容的理解。第二，提高学生运用法律知识解决问题的能力。实现这两个目标，有利于培养学生的法律思维，有利于提高学生作为法律人的综合素质。

一般而言，选择案件需要考虑以下因素：

1.案件存在明显的争议点

为了使庭审具有对抗性，让学生在激烈的论辩中提高能力，选择的案例必须具有明显的争议点。换言之，案件在事实认定以及法律适用上都有可阐述的空间。一方当事人在事实和法律上具有明显优势的案例不适合进行模拟庭审。

2.案件的难度应当适中

案件既不能过于复杂，也不能过于简单。案件具有一定难度，能够在一定程度上激发学生的探索欲和求知欲，更能培养学生分析问题和解决问题的能力。过于复杂的案件，学生在文书撰写和适用法律上往往无法做到得心应手，也不利于学生把握审理时间。过于简单的案件，无法激发学生的兴趣，容易出现程序演练的结果。笔者认为，案件的难易程度可以通过庭审时间来控制，一般用来模拟的案件，庭审时间最好能够控制在一个半小时至三小时。

3.案件尽量涉及较多的证据种类

证据除常见的书证、物证和证人证言外，最好鉴定笔录、勘验笔录、视听资料等也能够出现。较多的证据种类可以使学生更好地了解各类证据的特点及运用规则，更能激发学生学习的积极性和主动性。

（二）分配角色并分组讨论

为了使模拟法庭有序进行，教师可以将学生进行合理分组。根据案件情况，大体可以将学生分为法官组、公诉人组、原告组、被告组、第三人组、证人组、书记员组、诉讼代理人（辩护人）组等，每组人数以 5 人左右为宜。人员的分配可采取以学生自愿为主、教师指定为辅的原则。由于庭审的特殊性，审判长在组织审判、控制程序以及审判进程中起到至关重要的作用，因此在角色分派时，教师对审判长的选择应当谨慎。教师一般应选择专业知识扎实、心理素质稳定、控制能力以及表达能力较强的学生担任审判长。为了让学生更好地体会不同主体在诉讼中的地位及作用，可以采取轮换制，如在这个案件中担任法官的学生，在下一个案件中，教师可让其担任公诉人、当事人或者辩护人等。

每一个角色小组在组建之后，都要对"自己所扮演的角色如何进行诉讼"进行讨论和研究。讨论的内容包括分析案件中的法律关系、双方争议的焦点、己方的证据种类、如何书写己方的各类文书、如何出示证据以及如何质证等。教师应当对学生的研讨进行指导。应当注意的是各个角色小组的讨论应当分别进行，相互之间不能进行交流，教师的指导也应当分别进行，但教师的指导尽量不要涉及具体事实的处理，以充分发挥学生的积极性和主动性。

（三）庭前准备

开庭前的准备应当严格按照诉讼法的相关规定进行，具体包括以下内容。

1.准备庭审材料

在正式开庭前，学生应当准备好相关诉讼文书，如原告方的起诉状、被告方的答辩状、辩护词等。教师应要求每个小组成员都要书写己方的诉讼文书，并于讨论修改后定稿。有些文书应当按照法律规定的程序，在一定的时间内传递给对方，如起诉状和答辩状。法官组的判决书一般应在合议庭评议后做出，但考虑到模拟审判的具体情况，以及保持审判的完整性，法官组学生可以事前书写判决书草稿，但应当根据审理的具体情况进行内容调整。在书写文书以及制定诉讼策略时，教师应当引导学生发现问题、解决问题。根据案件的具体情况，教师可建议学生准备一套以上的方案，以便开庭后根据实际情况选择适用的方案。

2.送达文书

人民法院立案后应当在法定期限内送达诉讼文书，如在五日之内将起诉状副本发送被告，原告口头起诉的，也应当将记录的口头起诉的笔录抄件发送被告；被告提交答辩状后，法院应当在收到之日起五日内将答辩状副本送达原告。确定开庭时间后，应当向双方当事人发送开庭传票。这些准备工作在模拟法庭中也应当进行，以最大限度保证模拟审判活动的真实性和完整性。在模拟的案件确定后，原告组的学生应当在指定时间内向法官组的学生提交起诉状，法官组的学生按照程序要求将答辩状副本和举证通知书送交被告方。对于送达的方式，指导教师可以指定，也可以由学生按照实际情况约定送达方式。

3.召开庭前会议

案件开庭前，庭前会议是法院进行审前准备的主要方式，审理前的主要任务均可以通过庭前会议来完成。在模拟法庭的教学中，教师应当要求学生召开庭前会议，以保持程序的完整性。在庭前会议的诸项内容中，证据交换和归纳争议焦点是庭前会议乃至整个审前准备阶段的核心。在审判人员的主持下，诉讼双方可以交换各自持有的证据，证据交换的时间可以由双方当事人协商，合议庭同意即可实施。通过庭前会议进行证据交换，归纳确认双方当事人争议的焦点和需要提交的证据，正式开庭审理时学生能够围绕这些争议点对交换过的证据进行质证和辩论，这有利于实现充实而集中的审理。

（四）正式开庭

开庭审理是模拟法庭的主要环节。在开庭审理中，应当注意以下三个问题：

第一，开庭审理应当以学生为主。在模拟法庭中，学生是实践活动的组织者和参与者。庭审活动应当体现以法官为中心的原则,扮演法官的学生是庭审活动的指挥者,而指导教师只是旁观者。为了保证庭审活动的连续性,指导教师不能随意打断庭审进程,审判全过程都应由学生独立完成。指导教师的主要职责是观察和记录:观察各组学生的表现,记录学生在审判进程中存在的问题。即使庭审中遇到了在讨论时没有注意的问题或者一些突发状况,如一方或者双方当事人提出审判人员应回避,或者旁听人员向审判人员提出疑问等,指导教师也不要介入,更不要中断庭审,由学生尤其是扮演法官的学生根据实际情况解决,这有利于培养学生的应变能力以及解决问题的能力。

开庭审理中,所有参与人员都应有一种真实感、责任感和使命感,认识到自己的一言一行均是在维护法律的神圣与尊严,维护国家或者当事人的合法权益。

第二,提前制定应对突发情况的措施。从模拟法庭较高层次的教学目的来看,是要培养学生的法律思维能力和作为法律人的基本素质。因此,分组后,教师在调动学生积极性和主动性的同时,应当充分发挥学生的能动性,使学生能够对案情进行深入分析,在事实认定和程序适用上形成自己的观点。在庭审中可能出现一些突发状况,如申请回避或者旁听学生提问等问题;也可能出现一些学生常犯的错误,如审判人员无法掌握庭审节奏、代理人或者辩护人发言冗长、庭审拖沓无序等。对此,指导教师应当有充分的估计和正确的判断,并在前期工作中进行适当引导,如可以提示审判人员可能出现申请回避的情况,并要求学生针对该问题制定相应策略。

第三,开庭审理中,在强调实体正确的同时,更应注意程序的公正性。指导教师应当使学生树立起程序公正的理念,使学生清楚地认识到程序公正对实体公正的重要意义。这样学生才能认真对待诉讼程序中的每一个步骤,从庭前的传票送达到权利告知,再到当事人的最后陈述等。

（五）庭后的总结和评价

作为观察者，指导教师应当全程参与小组讨论和开庭审理，了解学生的表现以及存在的问题。模拟结束后，指导教师应当认真做好总结和评价工作。合理完善的总结和评价体系不仅能够使学生认识到自己的问题和不足，而且有利于提高学生的个体能力和素质。一般而言，总结和评价可以采取学生互评和教师总结两种形式，这也可以成为考核学生的标准。

学生互评，可先由每个小组汇报本组准备的情况，如如何分工、彼此之间如何配合、工作完成的质量等；并对本组在庭审中的表现进行总结，如准备情况与实际开庭的不同之处，并简要分析原因。其他小组的学生也可以对该组学生进行评价，指出其优点和缺点，甚至可以提问，被提问的同学应当回答。指导教师的总结是在自己观察和听取学生互评的基础上进行的，分为对模拟法庭整体运行作全面评价和对个别同学作具体评价两部分。教师在作总结时首先要注意语言的使用，意见应当中肯，不能带有主观色彩，以防打击学生的积极性；其次应当对庭审中学生的应急处理以及独特见解给予肯定和鼓励，对于表现突出的同学应当不吝表扬。总结和评价可以从以下几个方面进行：法律文书的写作是否规范，程序是否合法，语言表达是否流畅、清晰，法律运用是否正确、得当，等等。

（六）资料的整理和归档

在司法实践中，每个案件审理结束后，对案件材料进行整理和归档都是法官、检察官和律师的基本工作，模拟法庭也应当有此要求。模拟庭审结束后，关于本次模拟法庭的所有资料，包括案件材料、分组情况、小组讨论记录、学生书写的法律文书、总结材料以及教师拟定的教学目标和教学大纲等，都应当进行整理和归档。资料的整理和归档既可以为日后持续开展的模拟庭审提供有益借鉴，也可以锻炼和提升学生的总结和分析能力。

二、模拟法庭的应用

（一）刑事诉讼模拟法庭

刑事诉讼法庭审判程序主要包括第一审程序、第二审程序、审判监督程序等内容，其中第一审程序又包括普通程序、简易程序和特别程序。刑事第一审普通程序是刑事诉讼审判程序中最为完整的环节，是刑事案件模拟庭审中的重点。下面以刑事第一审普通程序模拟法庭为例，介绍刑事诉讼模拟法庭的应用。

1.刑事第一审普通程序模拟法庭的目标

（1）使学生掌握刑事起诉书、公诉词、辩护词、代理词、一审刑事判决书等诉讼文书的撰写方法。

（2）使学生掌握我国刑事第一审普通程序开庭审理的基本环节和流程。

（3）提高学生法庭语言表达和应变能力。

（4）培养学生的证据意识和证据能力。

（5）培养并提高学生运用《中华人民共和国刑法》（以下简称"刑法"）以及刑事诉讼法分析和解决问题的能力。

2.刑事第一审普通程序模拟法庭的步骤

（1）确定参与模拟法庭的人员及角色

参与模拟法庭的人数取决于案件的实际要求，角色的选定可以通过抽签和自愿报名的方式确定。无论采用何种方式分配角色，都要体现机会均等的原则，做到程序公正。如果参与模拟法庭的学生人数较多，可以分组。

模拟法庭所需人员一般包括审判人员3名，其中审判长1名、审判员2名，书记员1名，法警8人，公诉人2名，被告人3名，辩护人6名，鉴定人2名。

（2）按照选定的角色，分小组分析、讨论案情

每位参与模拟的学生确定了自己参与的案件和角色后，应当进行案件分析和讨论。首先，根据诉讼的特点，将学生分为法官组（审判人员、书记员和法

警)、控诉组（公诉人、被害人及其代理人）、辩护组（被告人及其辩护人）；其次，每组内应集体进行讨论，分析案件的重点、难点问题，并制定诉讼对策。此外，扮演证人的学生需要熟悉和了解该案中证人需要做证的内容；扮演鉴定人的学生除要熟悉鉴定书中的内容外，还应该尽可能地了解与该鉴定有关的背景知识，使自己在法庭上的回答更具专业性。

（3）公诉人向法官组提出公诉

本阶段由扮演公诉人的学生完成。由于模拟法庭的模拟性，参与人员已经熟悉案件情况，因此司法实践中公诉人审查起诉意见、移送案卷材料及证据材料的工作可以忽略。这一阶段，扮演公诉人的学生主要负责的内容有两项，一是撰写起诉书，二是向法官组移送起诉书和证据目录以及拟出庭的证人、鉴定人名单。

撰写起诉书时，要注意体现被告人行为构成犯罪，依法应当追究刑事责任的事实及证据。移送起诉书时应当按照对方人数提交相应数量的起诉书副本。

（4）法官组对起诉进行审查和处理

法官组在收到公诉人的材料后，按照法律规定进行内容审查，如案件是否属于本院管辖，是否附有能够指控被告人犯罪行为性质、情节等内容的主要证据复印件或者照片。侦查、起诉程序的各种法律手续是否齐全等可以忽略。只审查起诉书指控的被告人身份，事实所涉时间、地点、手段以及影响定罪量刑的情节等是否明确；起诉书是否载明被告人被采取强制措施的情况，是否列明被害人的自然情况；是否附有起诉前收集的证据目录；是否写明辩护人、代理人的姓名、地址；附带提起民事诉讼的，是否附有相关证据材料等内容进行审查。

审查后，审判人员根据具体情况可以做出不同处理，若不属于本院管辖的或者被告人不在案的，可以退回检察机关；符合法律规定的，可以决定开庭审判。但为了使模拟法庭顺利开展，审查后一般都会进行开庭审理。

（5）法官组审理前的准备

第一，将公诉组的起诉书副本最迟在开庭前十日送达被告人及其辩护人。

第二，将开庭的时间、地点在开庭前三日通知公诉人。

第三，当事人的传票，辩护人、诉讼代理人、证人、鉴定人的通知书应当最迟在开庭前 3 日送达。在模拟庭审中，根据实际情况，送达的方式可以灵活掌握，如采用邮箱送达或者微信送达，但在材料归档时需附有相关证明。

第四，拟定庭审提纲。一般应写明：合议庭成员的分工，在法庭调查中其他两位审判人员提出的问题，起诉书指控犯罪事实部分的重点以及被告人行为性质和适用的法律的重点，讯问被告人时应当了解的案情，控辩双方拟出庭的证人、鉴定人名单，控辩双方的证人证言、书证、物证等证据目录，庭审中可能出现的问题及采取的措施，等等。

（6）开庭审理

第一，书记员的准备工作。书记员应查明公诉人、当事人、证人及其他诉讼参与人是否到庭；宣读法庭纪律；请公诉人、辩护人入庭；宣布全体起立，请审判长及审判员入庭；当审判人员就座后，向审判长报告当事人及相关人员到庭情况和开庭前的准备工作已经就绪。

第二，审判长宣布开庭。查明被告人情况，传被告人到庭，核对被告人身份、曾经受到刑罚处罚的情况、因本案被采取强制措施的情况；是否收到起诉书副本以及收到的时间。

审判长宣布案件来源、案由，以及附带民事诉讼原告人和被告人的情况；是否公开审理。

审判长宣布合议庭的组成人员、书记员、公诉人、辩护人、诉讼代理人、鉴定人等的名单。

审判长告知当事人有权对合议庭组成人员、书记员、公诉人、鉴定人等申请回避；告知被告人享有辩护权利。

审判长分别讯问各方当事人是否申请回避，申请回避的理由。

如果当事人申请回避，根据其申请回避的理由，合议庭认为符合法律规定的，应当依照法律规定做出特定人员回避的决定；如果不符合法律规定，可以当庭驳回回避申请，继续法庭审理。对驳回申请回避的决定，当事人及其法定代理人可以申请复议一次。合议庭应当宣布休庭，待作出复议决定后，决定是否继续法庭审理。

第三，法庭调查。法庭调查是指在控辩双方和其他诉讼参与人参加下，在审判人员主持下，当庭对案件事实、证据进行调查核实的活动。法庭调查的步骤及应注意的问题如下：

公诉人宣读起诉书。在审判长宣布法庭调查开始后，先由公诉人宣读起诉书，说明被告人所涉罪名的事实及证据情况；如果附带民事诉讼的，由附带民事诉讼原告人或者其诉讼代理人宣读附带民事诉讼起诉状。公诉人宣读起诉书时，应当宣读其全部内容，包括起诉书的首部和尾部。

被告人陈述。公诉人宣读起诉书之后，被告人可以就自己的行为进行陈述，如果对公诉人的指控没有异议，可以陈述犯罪事实。如果对公诉人的指控有异议，可以进行辩解。

被害人陈述。如果被害人出庭，审判长应当询问被害人是否发言。被害人可以就起诉书指控的犯罪事实以及自己被害的经过进行陈述。

控辩双方讯问和询问被告人。在审判长的主持下，首先由公诉人就指控的事实讯问被告人，如就时间、地点、手段、后果、情节等对定罪量刑较为关键的因素进行讯问。其次，在审判长允许后，被害人及其代理人可以对被告人进行补充发问；被告人的辩护人或者其法定代理人也可以就案件事实对被告人进行提问。

如果起诉书指控被告人犯有数罪的，应当就所指控的犯罪行为分别进行讯问；如果所指控的是共同犯罪，对被告人应当分别进行讯问。对于在讯问中与案件无关的问题，审判长应当制止。如果控辩双方认为对方的发问与案件无关或者发问方式不合适而提出异议的，审判长应当做出支持或者驳回的决定。

控辩双方在审判长的许可下可以询问被害人。

必要时，审判人员可以就案件事实讯问或者询问被告人或被害人。

询问证人、鉴定人。询问证人时，询问的内容应与案件有关，不得对证人进行诱导、威胁，不得损害证人的人格尊严。

出示实物证据、宣读鉴定意见和有关笔录。先由公诉方举证，并接受质证，之后被害人及其代理人和被告人及其辩护人可以向法庭提交证据，并接受其他各方的质证。举证时，可以一次举一份或者一组证据，但都应简要说明证据证明的对象。

被告人可能当庭翻供，审判人员以及其他参与人员应当做出正确反应。公诉人应当沉着冷静，通过宣读被告人在侦查阶段的口供笔录及其他证据予以证明。法官应当询问被告人翻供的原因，审查被告人前后的说法，并审查翻供后的内容与其他证据是否一致。

第四，法庭辩论。法庭辩论的顺序是：审判长宣布法庭辩论开始，公诉人发表辩论意见，被害人及其诉讼代理人发表辩论意见，被告人自行辩护，辩护人辩护，经过一轮辩论之后，双方仍然有意见要表达的，可以在审判长的主持下进行新一轮的辩论。

经过庭前交换证据以及法庭调查，审判长应当抓住并总结控辩双方的争议焦点，要求控辩双方围绕焦点进行辩论，并要善于将辩论引向深入。对于双方与案件无关的或者相互指责的发言，审判长应当予以制止。如果被害人与公诉人就被告人行为的定罪量刑存在不同意见，应当允许被害人与公诉人进行辩论。

在法庭辩论中，公诉人的第一次发言被称为公诉词，辩护人的第一次发言被称为辩护词，这是双方就被告人行为在定罪、量刑及法律适用等方面的综合意见表述。前者是在法庭调查的基础上阐明追究被告人刑事责任的观点和意见，后者是以法庭调查的事实为依据，指出公诉人的指控存在的不实或者疏漏，以证明被告人行为无罪或者罪轻，并请求法院采纳己方观点。担任公诉人和被告人以及辩护人的学生应当注意，法庭辩论的目的是说服法官，而非辩论者个人单纯地展现自己的才华。因此，在辩论时，应当见好就收，切忌抓住对方的漏洞穷追猛打。

第五，被告人最后陈述。在法庭辩论结束后，审判长应当宣布由被告人进行最后陈述。被告人最后陈述后，审判长宣布休庭评议，并同时说明是当庭宣判还是择期宣判。

被告人的最后陈述不仅是法庭审理中的独立阶段，而且是法律赋予被告人的一项重要权利。合议庭应当保护被告人的该项权利，但要注意以下几点：被告人在最后陈述中多次重复自己的意见的，法庭可以制止；陈述内容蔑视法庭、公诉人，损害他人及社会公共利益，或者与本案无关的，应当制止。如果被告人在最后陈述中提出新的事实、证据，合议庭认为可能影响正确裁判的，应当恢复法庭调查；被告人提出新的辩解理由，合议庭认为可能影响正确裁判的，应当恢复法庭辩论。

第六，合议庭评议。审判长宣布休庭（同时敲击法槌）后，合议庭退庭评议。

《最高人民法院关于适用〈中华人民共和国刑事诉讼法〉的解释》第二百九十四条规定："合议庭评议案件，应当根据已经查明的事实、证据和有关法律规定，在充分考虑控辩双方意见的基础上，确定被告人是否有罪、构成何罪，有无从重、从轻、减轻或者免除处罚情节，应否处以刑罚、判处何种刑罚，附带民事诉讼如何解决，查封、扣押、冻结的财物及其孳息如何处理等，并依法作出判决、裁定。"

合议庭进行评议的时候，如果意见分歧，应当按多数人的意见作出决定，但是少数人的意见应当写入笔录。评议笔录由合议庭的组成人员签名。合议庭开庭审理并且评议后，应当作出判决。对于疑难、复杂、重大的案件，合议庭认为难以作出决定的，由合议庭提请院长决定提交审判委员会讨论决定。审判委员会的决定，合议庭应当执行。

　　因模拟法庭中一般不设置审判委员会环节，故合议庭必须对案件做出裁决。合议庭评议时，书记员应当做好笔录，参与的学生应当签字，而且必须说明自己的意见。

　　合议庭评议案件时，先由承办法官对认定案件事实、证据是否确实、充分以及适用法律等发表意见，审判长最后发表意见；审判长作为承办法官的，由审判长最后发表意见。对案件的裁判结果进行评议时，由审判长最后发表意见。审判长应当根据评议情况总结合议庭评议的结论性意见。合议庭成员进行评议的时候，应当认真负责，充分陈述意见，独立行使表决权，不得拒绝陈述意见或者仅作同意与否的简单表态。同意他人意见的，也应当提出事实根据和法律依据，进行分析论证。合议庭成员对评议结果的表决，以口头表决的形式进行。

　　结合模拟法庭的实际情况，合议庭评议结束后，可以根据情况分别做出如下判决：

　　起诉指控的事实清楚，证据确实、充分，依据法律认定指控被告人的罪名成立的，应当作出有罪判决。

　　起诉指控的事实清楚，证据确实、充分，但指控的罪名不当的，应当依据法律和审理认定的事实作出有罪判决。

　　案件事实清楚，证据确实、充分，依据法律认定被告人无罪的，应当判决宣告被告人无罪。

　　证据不足，不能认定被告人有罪的，应当以证据不足、指控的犯罪不能成立，判决宣告被告人无罪。

　　案件部分事实清楚，证据确实、充分的，应当作出有罪或者无罪的判决；对事实不清、证据不足部分，不予认定。

　　被告人因未达到刑事责任年龄，不予刑事处罚的，应当判决宣告被告人不负刑事责任。

　　被告人是精神病人，在不能辨认或者不能控制自己行为时造成危害结果，不予刑事处罚的，应当判决宣告被告人不负刑事责任。

犯罪已过追诉时效期限且不是必须追诉，或者经特赦令免除刑罚的，应当裁定终止审理。

属于告诉才处理的案件，应当裁定终止审理，并告知被害人有权提起自诉。

被告人死亡的，应当裁定终止审理；但有证据证明被告人无罪，经缺席审理确认无罪的，应当判决宣告被告人无罪。

第七，宣判。

第八，宣布闭庭。

第九，当事人等审阅笔录并签字。书记员向诉讼参与人交代阅读法庭笔录的时间和地点。能够当庭阅读庭审笔录的，请诉讼参与人阅读并签名。诉讼参加人认为笔录有误，可以要求书记员更改；书记员不同意更改的，诉讼参与人予以注明或者提交书面说明附卷。诉讼参与人未签名、盖章的，应当捺指印；刑事被告人除签名、盖章外，还应当捺指印。当事人拒绝签名、盖章、捺指印的，办案人员应当在诉讼文书或者笔录材料中注明情况，有见证人见证或者有录音录像证明的，不影响相关诉讼文书或者笔录材料的效力。

（二）民事诉讼模拟法庭

民事诉讼法庭审判程序主要包括第一审普通程序、第二审程序、审判监督程序等内容。民事第一审普通程序是民事诉讼审判程序中最为完整的环节，是民事案件模拟庭审中的重点。下面以民事第一审普通程序模拟法庭为例，介绍民事诉讼模拟法庭的应用。

1.民事第一审普通程序模拟法庭的目标

（1）使学生掌握民事起诉状、答辩状、代理词、一审民事判决书等诉讼文书的撰写方法。

（2）使学生掌握我国民事第一审普通程序开庭审理的基本环节和流程。

（3）提高学生法庭语言表达和应变能力。

（4）培养学生的证据意识和证据能力。

（5）培养并提高学生运用《中华人民共和国民事诉讼法》（以下简称"民事诉讼法"）等分析和解决问题的能力。

2.民事第一审普通程序模拟法庭的步骤

（1）确定参与人员及角色

参与模拟法庭的人数取决于案例的实际要求，角色的选定可以通过抽签和自愿报名的方式确定。无论采用何种方式分配角色，都要体现机会均等的原则，做到程序公正。如果参与模拟法庭的学生人数较多，可以分组。

模拟法庭所需人员一般包括法官 3 人、书记员 1 人、法警 1 人、原告 1 人、原告诉讼代理人 1 人、被告 4 人、被告诉讼代理人 6 人等。

模拟庭审中，在确定当事人的诉讼代理人时，如果一方当事人为多人，且各方权利利益不一致，那么其所聘请的代理人不能为同一人。

（2）分析和讨论案情

在确定参与人员及角色后，所有人员按照角色分成法官组（审判人员、书记员和法警）、原告组（原告及其诉讼代理人）、被告组（被告及其诉讼代理人）以及第三人组（第三人及其诉讼代理人）。每组学生应当先阅读案卷材料，熟悉事实及证据材料，在此基础上查找相关法律法规以及司法解释；然后每组学生应当进行集体讨论，着重分析案件中的重点、难点问题，以决定诉讼方案及对策。小组讨论时应当指定专人做好记录，这不仅能在一定程度上促进学生的发展，而且便于教师观察学生的表现，有助于教师对学生的考查。虽然在模拟审判中，法警的职责不涉及案件事实的认定和法律适用的判断，但基于教学的目的和要求，为了提高自己的诉讼能力，扮演法警的学生也应当积极参与案情讨论。

法官组和原告组、被告组应当重点讨论的问题有：本案有证据证明的事实，双方当事人的基本争议点，本案涉及的民事法律关系，本案可能适用的民事法律。此外，原告组和被告组还应当分析对己方有利和不利的事实和证据材料。

（3）原告组提起诉讼

原告组向法官组起诉，由原告及其法定代理人共同完成。

第一，制作民事起诉状。制作起诉状前，应当分析本案是否符合起诉条件，这不仅是诉讼成立的前提，而且在其后的审判中也是对方当事人质证的内容和辩论时经常会提出的争议点。

起诉应当符合的条件包括：原告是与本案有直接利害关系的公民、法人和其他组织，有明确的被告，有具体的诉讼请求和事实、理由，属于人民法院受理民事诉讼的范围和受诉人民法院管辖。

起诉状应当记明下列事项：原告的姓名、性别、年龄、民族、职业、工作单位、住所、联系方式，法人或者其他组织的名称、住所和法定代表人或者主要负责人的姓名、职务、联系方式；被告的姓名、性别、工作单位、住所等信息，法人或者其他组织的名称、住所等信息；诉讼请求和所根据的事实与理由；证据和证据来源，证人姓名和住所。

第二，向法官组递交民事起诉状。起诉应当向人民法院递交起诉状，并按照被告人数提出副本。书写起诉状确有困难的，可以口头起诉，由人民法院记入笔录，并告知对方当事人。但基于模拟法庭的教学目标，模拟法庭均采用书面起诉状的形式，以锻炼学生撰写诉讼文书的能力。

（4）法官组对起诉进行审查和处理

法官组接到起诉状后，应当对起诉状的形式和实质内容进行审查：一方面，应当审查原告的起诉是否符合法律规定的起诉实质要件；另一方面，应当审查原告起诉的形式要件是否合法，如起诉状的内容是否完备，如果起诉状的内容有欠缺，应当责令原告限期补正。

符合起诉条件的案件，人民法院应当在七日内立案，并通知当事人；不符合起诉条件的案件，人民法院应当在七日内作出裁定书，不予受理；原告对裁定不服的，可以提起上诉。当然，为保障模拟法庭的顺利进行，一般情况下起诉均会被受理，至于立案期限，为了教学需要，可以不严格按照法律的规定，教师可以根据实际情况指定时间。

（5）法官组审理前的准备工作

立案后，法官组应当做如下准备工作：

第一，在法定期间向当事人送达相关诉讼文书。向原告送达受理案件通知书，向被告送达应诉通知书，将起诉状副本送达被告方。

第二，被告方应当及时撰写答辩状，并将答辩状递交法官组。模拟法庭中均采用书面答辩的形式。法官组接到答辩状后，应当及时将答辩状副本送达原告方。

第三，告知当事人诉讼权利与合议庭组成人员。法官组应当在案件受理通知书和应诉通知书中向当事人告知有关的诉讼权利义务，也可以口头告知。如果法官组口头告知的，应当进行记录。

模拟法庭均采用合议庭审理案件，因此应将合议庭组成人员告知当事人，以便当事人行使申请回避的权利。

第四，审核诉讼材料，主要是原告的起诉状和被告的答辩状以及各自提交的证据材料等，以便了解双方当事人争议的焦点和需要庭审调查和辩论的主要问题。同时，法官组还需了解应当适用的有关法律或者相关专业知识。

第五，追加当事人。法官组可以根据案件情况依职权追加当事人。如果决定追加当事人，法官组应当报告教师增加参与模拟法庭的学生，并告知原被告双方。

（6）开庭审理

第一，开庭准备。开庭准备是开庭审理的预备阶段，具体是指在正式进入实体审理前，为了保证审理的顺利进行，应当由法官组完成的准备工作。开庭审理不同于审理前的准备，主要有以下内容：

人民法院审理民事案件，应当在开庭三日前通知当事人和其他诉讼参与人。公开审理的，应当公告当事人姓名、案由和开庭的时间、地点。

开庭审理前，书记员应当查明当事人和其他诉讼参与人是否到庭，宣布法庭纪律。

第二，宣布开庭。审判长宣布开庭。先敲击法槌，然后宣布开庭，同时宣布案由、审理方式。

审判长核对当事人及其他诉讼参与人身份情况。当事人按照原告方及其代理人、被告方及其代理人、第三人及其代理人的顺序向法庭陈述自己的身份情况。当事人陈述的事项包括姓名、性别、出生年月日、籍贯、职业、住所地等。其中，诉讼代表人只陈述姓名、职业、住所地；法定代表人只陈述姓名、单位职务、单位住所地。诉讼代理人需陈述姓名、律师事务所名称以及代理权限。

审判长依次询问当事人对对方出庭人员的身份是否有异议。若均无异议，审判长宣布各方当事人及其代理人可以参加本案诉讼。

审判长宣布合议庭组成人员及书记员名单。

审判长告知当事人诉讼权利和义务，主要有：申请回避的权利；提出新的证据的权利；经法庭许可，可以向证人、鉴定人、勘验人发问的权利以及进行辩论和请求调解的权利；原告有放弃、变更和增加诉讼请求的权利，被告有提出反诉的权利以及最后陈述的权利等。如果当事人不能理解有关权利的内容，审判长应当用通俗易懂的语言进行解释和说明。

审判长按照原告、被告、第三人的顺序依次询问当事人是否听清权利宣告以及是否申请回避。如果当事人申请回避，根据其申请回避的理由，合议庭认为符合法律规定的，应当依照法律规定做出特定人员回避的决定；如果不符合法律规定，可以当庭驳回回避申请，继续法庭审理。对驳回申请回避的决定，当事人及其法定代理人可以申请复议一次。合议庭应当宣布休庭，待作出复议决定后，决定是否继续法庭审理。若对审判人员之外的其他人员提出回避申请，如鉴定人、勘验人、翻译人等，处理原则与对审判人员提出回避的原则相同。

第三，法庭调查。原告方宣读起诉状，或者口头陈述诉讼请求以及事实和理由。被告方宣读答辩状，或者口头陈述答辩内容。有独立请求权的第三人陈述请求和理由，无独立请求权的第三人针对原被告的陈述表达承认或者否认的意见。

审判长根据上述陈述归纳总结本案争议的焦点。

质证按下列顺序进行：原告出示证据，被告、第三人与原告进行质证；被告出示证据，原告、第三人与被告进行质证；第三人出示证据，原告、被告与第三人进行质证。

当事人举证完毕，审判人员可以宣读或者出示合议庭调查收集的证据，当事人可以对该证据进行质证。

最后，审判长询问当事人有无新的证据出示，是否需要向对方当事人发问。

在对法庭调查认定的事实和当事人争议的问题进行总结后，审判长宣布法庭调查结束。

第四，法庭辩论。法庭辩论按照下列顺序进行：原告及其诉讼代理人发言；被告及其诉讼代理人答辩，第三人及其诉讼代理人发言或者答辩，互相辩论。

法庭辩论终结，由审判长或者独任审判员按照原告、被告、第三人的先后顺序征询各方最后意见

第五，法庭调解。经过法庭调查和法庭辩论后，审判长可以征询当事人的意见，是否愿意进行调解。调解应当遵循自愿原则，有一方当事人不同意调解的，合议庭不能进行调解。

若当事人都表示愿意调解，审判长依次询问原告、被告和第三人的意见。法院也可以根据各方当事人的意见和要求提出调解方案，供当事人参考。若当事人调解意见不一致，合议庭可以讲清法律规定，帮助当事人分析各自的责任，促使各方当事人达成调解协议。若当事人意见分歧较大，无法达成一致的，合议庭应当宣布调解结束，依法进行判决，避免出现久调不决的现象。

经过调解达成协议的，当事人应当在调解协议上签字，法院应当根据协议内容制作调解书并送达当事人。

第六，合议庭评议。合议庭成员退庭，在审判长的主持下进行评议。评议时，先由承办法官就案件事实是否清楚、证据是否充分以及适用法律等内容发

表意见，审判长最后发表意见。审判长作为承办法官的，由审判长最后发表意见。合议庭评议时应当制作笔录，如实记录每位成员的意见，尤其是少数不同意见。最后，合议庭成员应当在记录上签字。

第七，宣判。无论案件是否公开审理，都应当公开宣告判决。

审判长宣布最终结果，判决宣布完毕，审判长敲击法槌。

审判长告知当事人上诉权并征询当事人意见。

当事人回答后，审判长宣布闭庭。宣布闭庭后，审判长敲击法槌。

第三章 法学教育人才培养的
目标及模式

第一节 法学教育人才培养目标

一、我国法学教育人才培养目标

法学教育是高等教育的重要组成部分，它是以传授法律知识、训练法律思维、培养合格法律专业人才为内容的教育活动。中国法学高等教育从恢复、重建、发展至今，在管理制度、办学条件、师资队伍、学科建设，以及教学内容和手段等各方面都有着跨越式的发展。20 世纪 90 年代以来，世界各国都在进行法学教育改革，我国也不例外。尤其是随着经济的快速发展，我国对法学人才的需求越来越高，对法学教育改革的讨论也越来越激烈。新时代法学专业人才培养应主动适应国家高等教育发展战略需求，体现服务地方、校企合作、产业融合等应用型本科高校突出特点，遵循立德树人、"四个突出"及"本色＋特色"等新要求，从创建特色课程体系、实现教师和学生角色转型、建立科学多元的评价体系、打造双导师教学团队等方面全面构建应用型人才培养模式。

目前，我国的法学高等教育分为两个阶段：一是大学本科教育阶段，二是研究生教育阶段。法学本科教育仅仅是法学教育的一个阶段，法学本科教育的教育目标就只是法学教育目标体系的一个组成部分。

对法学本科教育培养目标的认识，是进行法学本科教育的起点，也是优化课程结构的前提。在我国现阶段，法学本科教育的对象，多是没有社会工作经历、职业未确定的高中毕业生。他们接受法学教育的目的，以及应当将其培养成什么样的人才，是法学高等教育部门和法学教育工作者首先应当明确的问题。

在我国高等教育精英化教育阶段，法学高等教育是从法学本科教育起步的，研究生教育起初只占法学高等教育极其有限的一部分，法学本科教育是我国法学高等教育的主干部分，甚至可以说，法学本科专业人才的培养目标就是法学专业人才的培养目标。法学本科专业人才的培养目标就是培养具备从事法律职业实务工作和研究工作能力的专门法学人才。为了实现这一培养目标，根据本科学制修业年限的要求，许多高校在本科一、二、三年级开设法学专业课程和少量的人文社会科学课程，在本科四年级让学生到法院、检察院或者律师事务所实习，然后让其撰写毕业论文，最后进行毕业分配。

将法学本科教育完全等同或至少部分等同于法学高等教育的认识观念，可以说，在某一时期具有一定的合理性和可取性。目前，我国高等教育已进入普及化教育阶段，以上观念的片面性和局限性日益暴露出来。因此，如何科学定位我国法学人才培养目标，以更好地培养适应我国社会发展和国家建设需要的法律专门人才，是摆在各有关高校和法学教育研究者面前的一项重大课题。

要想科学定位我国法学专业人才培养目标，就要对我国法律职业的结构进行深入分析。因为法学人才的培养目标只有符合我国法律职业结构的根本要求才是合理可行的，法学专业人才培养目标必须与我国当前的法律职业结构有机契合。

法律职业是指以律师、法官、检察官和公证员为代表的，受过专门的法律专业训练，具有娴熟的法律技能与法律伦理的法律事务岗位从业人员所构成的共同体。狭义的法律职业主要指，法官、检察官、监察官、律师、公证员、基层法律服务工作者。广义的法律职业除上述职业外，还包括企事业单位中从事法律事务的职业岗位，如法务专员、法务主管、法务部门的其他人员等。

法律职业作为一种高度专业化的职业，在长期的发展过程中，形成了一整套包括法律思想、学术流派、价值标准和各种制度规定在内的法律知识创造和传播体系。一个人若想从事法律职业，必须具备高度专业化的法律思维、法律意识、法律语言、法律方法、法律解释、法律推理、法律信仰和法律伦理等。法律职业的这种特定内涵要求相适应的是专门从事这一职业的法律人共同体的形成和法律人才培养体制的产生和运行。

按照成员类型进行划分，我国法律职业共同体成员可分为以下三种类型：①应用类法律人才，主要指律师、法官、检察官、行政执法人员、立法人员、仲裁员、公证员等；②学术类法律人才，主要指从事法律教学和法学研究的人员；③相关类法律人才，主要指那些从事专业性工作，而这种专业性工作与法律密切相关，岗位业务对从业者的法律知识提出较高的要求，如从事保险、贸易、证券、房地产、环保等专业性工作的人员。

以上三类人才都是以法律为工作手段，但侧重点不同，前两类人员以法律为职业，他们是法律职业共同体的核心部分和中坚力量，法律知识和法学理论构成他们所从事职业的知识基础。第三类人员处于法律职业共同体的边缘或外围，他们所从事的是专业技术工作。这种专业技术工作的知识基础不是法律或法学，但对从业者的法律知识和法学素养提出了较高的要求。

法律职业共同体的形成取决于社会经济发展所带来的社会关系多元化状况，这种社会关系多元化状况推动了社会分工的进一步细化，也催生了日益多样的专门职业。随着我国社会主义市场经济改革的逐步深入，社会关系日益纷繁多样，社会分工日趋复杂，不同的关系领域势必涉及不同的法律门类，多样化的社会分工也必将对从业者的法律知识和法学素养提出不同的要求。因此，法学本科教育要重视这种因为社会经济发展所带来的法律职业共同体结构性质及其内部分层的变化，将法学本科专业人才的培养目标与法律职业共同体的结构性质和演变方向紧密结合起来，做到人才培养与社会需求的供求平衡。

二、法学教育人才培养目标的调整方向

教育是国之大计、党之大计。随着全面依法治国的深入推进，高校应把立德树人作为一切工作的出发点和落脚点，以更高远的历史站位、更宽广的国际视野、更深邃的战略眼光，为新时代培养同党和国家事业发展要求相适应、同人民群众期待相契合、同我国综合国力和国际地位相匹配的法学人才。因此，应重新调整法学本科教育人才培养目标。法学本科教育人才培养目标可分为三种基本类型：法律应用型、法学学术型和法学辅助型。笔者认为，要在国家法学教育标准的基础上创造性地建构法学本科专业新的培养方案，密切关注社会对法学人才的需求和法律共同体结构性质及其演化方向，从而针对学生的能力、特长、兴趣和事业追求等确定差异性培养目标，制定分类培养方案。

（一）应用型人才培养目标：培养法律实务能力

法学是一门应用性学科，具有较强的政治性、社会性和实践性等特点，法学教育的主要任务是培养应用型法学人才。可以说，法律职业与法学教育从一开始就密不可分，法学教育是从事法律职业的必经之路，法律职业的共同体只朝那些具有同一教育背景的人开放。法律职业化是法治国家建设的一项基本要求。没有法学教育就没有法律职业，法学教育和法学学术的发展、完善，巩固和促进法律职业的建构，正是通过法学教育培养和训练了法律职业者所必须具备的基本素质。此外，法律职业在一定程度上决定了法学教育的培养目标、培养规格、培养要求和培养模式，决定了法学教育的布局结构和办学层次，决定了法学教育改革发展的方向。

律师、法官、检察官、警察以及其他行政执法人员构成了法律职业的核心部分，在法律职业共同体中也占据较大比例，因此法学本科教育的培养目标应该重点定位于为法律实务领域输送专门人才。由于这些法律职业岗位注重从业

者的法律应用能力和处理具有法律意义的社会关系的能力，因此应按照这些法律职业部门的人才引进要求和标准制定不同的培养方案，有针对性地设置课程体系。

应用型人才培养方案的主要内容为：要求学生系统掌握国家现行法律法规知识，使学生努力通过国家统一司法考试和全国企业法律顾问执业资格考试等，使学生熟悉处理法律实务的相关理论，使学生进行相关司法实践，从而提高学生从事法律实务工作的能力。

（二）学术型人才培养目标：培植研究生教育基础

培养法律精英人才始终是法学本科教育的重要任务之一。法学本科教育是我国法学高等教育的基础，绝大部分法律精英人才都是从法学本科专业阶段起步的，高质量的法学本科教育是法学研究生教育的前提和基础。法律的发展和法律共同体的发展都需要法律精英，一个国家的法治建设需要大量法律精英。

法律不仅仅需要贯彻实施者，也需要理论研究者和知识创造者。法学家通过创造出一整套法律语言、概念和法律原则等，即一般化的法律知识，为法律实践活动提供了一整套共享的符号体系，也为法律职业凝结为一个共同体奠定了理念基础。同时，法学家又通过法律解释活动，进一步为法律实践提供知识资源。

法学的学术性与法律实践之间的关系决定了法学本科教育必须深谋远虑，必须肩负起为法学研究生教育输送人才的任务，所以法学本科教育阶段必须要确立培养优秀学术人才的教育目标。

学术型人才培养方案的主要内容为：强化理论教学环节，要求学生掌握国家现行法律体系的基本知识及法律精神，使学生关注法学前沿动态，使学生了解处理典型法律实务问题的相关理论与司法实践，使学生具有较强的研究能力，使学生掌握研究生入学考试的法学理论、政治理论等，以使学生顺利考研升学。

（三）辅助型人才培养目标：法律知识传授与专业学习并重

法学辅助型人才是指从业者从事的是与法律紧密关联的技术性专业，这种技术性专业通常属于经济学、管理学或其他专业性质，但是这种技术性专业与法律密切相关。

法学辅助型人才概念的提出有其深刻的社会发展背景。随着社会经济的发展和社会关系的日益复杂化，社会分工日益细致，商事行为、行政管理行为以及其他专业性技术行为类型日趋增多，专业性特征日益突出，对从业人员的专业性要求也越来越高。这类专业性行为与国家、社会、公民的利益和权利密切相关。因此，法律有必要对这些领域的专业性技术行为进行规范性调整。这种调整的结果是使这类行为既是技术性问题，又是法律问题。技术和法律有着十分紧密的关系，如证券、国际贸易、质检等行业，这些行业的从业者既需要掌握专业性技术，也必须熟悉相关的法律规定，掌握有关法律知识。

为了充分满足这些特定专业领域的人才需求，法学本科教育可以制定专门的人才培养方案，设置合理的课程体系，对那些打算从事这些行业的学生进行专门教育，以培养出一批既具备法律知识又掌握其他专业知识的人才。

法学辅助型人才培养方案的主要内容为：要求学生系统掌握法学基础知识和相关理论，同时根据学生的专业、能力和专长等，使学生掌握与自己想从事职业相关的基本法律知识，从而培养学生多元化的择业能力结构。

当前，由于人才市场和社会实践的客观需要，法学本科教育人才培养目标不能局限于传统定位，应该针对社会和经济发展的客观环境对法学人才的需求状况和我国法学高等教育的结构状况进行重新调整。高校既要有素质（通识）教育，培养法律精英人才；又要有职业教育，培养法律实务工作者；还要有大众化教育，培养具有法律素养的通才型职业者。只有这样，才能真正促进我国法学本科教育的发展，才能真正满足我国对高素质法学人才的需求，才能真正实现我国人才强国、依法治国的战略目标。

第二节　应用型法学人才培养模式

一、应用型法学人才的能力

（一）掌握扎实的法律专业知识

随着经济的快速发展，我国社会需求不断升级，日趋多样化，我国高校应积极转变教育理念，调整教学方式、教学内容等，注重培养应用型人才。掌握扎实的法律专业知识是成为应用型法学人才的基础和前提，应用型法学人才还应当具备运用法律思维对各类社会现象与事件进行判断的能力。应用型法学人才不仅要解决诉讼案件的法律问题，还需要解决各种非诉讼案件的法律问题，这不仅需要他们具备一定的法律专业知识储备和熟练运用法律的能力，还需具有运用法律知识解决实际问题的能力。在掌握丰富法律知识的基础上，应用型法学人才要能运用法律思维分析和解决具体的法律问题。

（二）具备较强的法律应用能力

法律应用能力是应用型法律人才必须具备的一项能力。法律应用能力是指法律人能将专业知识与法律应用相结合的能力。具备法律应用能力的法律人才往往有较强的发现、分析和解决问题的能力，能够熟练运用相应的法律和理论知识解决相关的实践问题。

（三）具有开拓创新与综合能力

创新是一个民族进步的灵魂，是一个国家兴旺发达的不竭动力，也是中华民族最深沉的民族禀赋。法律实践中的问题总是千变万化、层出不穷。因此，应用型法学人才要能突破常规，跳出既定的思维，根据不同问题的不同情况，创造性地分析和解决问题。

应用型法学人才不仅需要具备扎实的专业知识和过硬的职业技能，还应当具备社会学、政治学、管理学、人类学、经济学，甚至是工程技术等多方面的知识。法律纠纷往往涉及社会生活的各个方面，大量的法律问题和法律关系都具有复合性的特点，要解决这些问题和调整这些关系，仅靠高度专门化的法律知识是较为困难的。要想合法高效地解决这些问题和调整这些关系，法学人才应具有较强的综合能力，能综合运用多学科知识。

二、应用型法学人才培养模式的原则

第一，坚持实践性教育与通识性教育相统一的原则。教育理论与教育实践在终极上是统一的，这种统一体现在教育理论的实践意识和教育实践的理论意识。因此，培养应用型法学人才，应做到实践性教育与通识性教育相统一。一方面，实践性教学不可能离开通识性教学而实现，法学实践性教育永远都要求对法学理论有一定的掌握和理解，只能在通识性教学的基础上才能够很好地开展。另一方面，实践性教学只能教给学生某一阶段融入社会的本领，然而社会是不断变化的，通识性教育却可以教给学生离开校园后几年、十几年、几十年依然能适应社会变化的理论知识和理论素养。

第二，必须坚持以法为本的原则。应用型法学人才培养的目标是明确的。因而，在制定人才培养方案、安排相应的教学课程时，要坚持以法学为本，要注意把握其他社会科学课程的量、考核方式等。

第三，必须坚持法学应用技能和职业伦理的培养相统一原则。对于法学人才而言，应当有严格的道德自律。

第四，必须坚持职业道德塑造原则。高校在注重培养应用型法学人才的法律应用技能时，不能忽视对其良好职业道德的塑造。

三、应用型法学人才培养模式的创新

（一）教学方法创新

教学方法即为达成教学目标而有秩序进行的活动方式，是学生在教师的引领下共同实现教学目标、完成教学任务的途径。正确的教学方法有助于教学质量的提高、教学任务的完成和教学目标的实现。创新教学方法主要从以下两个方面着手：

第一，增强教学方法的多样性。在教学过程中，通过采用新的教学形式，如研讨式、小组式、案例式、项目式等，并将其有机结合，可以起到非常好的教学效果；运用现代科学技术，借助网络以及计算机，利用多媒体教学设备，以取得良好的教学效果。

第二，增强教学方法的有效性。教学方法的有效性即对某教学方法实施的有效成果的评价。增强教学方法的多样性，关键在于教学方法的目的性和实践性。在理论教学和实践教学过程中，都应首先明确教学方法的目的及要达到的效果。这样教学就不会与教学目标发生严重偏离，同时也能保证教育方法实施的有效性。法学实践性教学有助于法学专业学生的实践能力和综合素质的提高，因为法学实践性教学侧重培养学生的实践能力、自主创新能力和研究能力。不同内容、不同形式实践教学的训练，不仅有助于学生掌握基本的法学理论知识，还有助于培养学生的法律应用技巧，有助于锻炼学生的逻辑推理能力，进而提高学生运用法律解决实际问题的能力。

（二）教学内容创新

教学内容的合理安排是增强教学方法有效性的重要环节，是实现教学方法理论与实践相结合的实施重点。合理安排教学内容主要包括合理设置教学课程、合理引入和有效分配教学师资、制度保障的创新等。

1.合理设置教学课程

构建科学合理的课程体系，以培养出具有扎实法学理论基础、较为广泛的综合知识以及自身修养较高的法学人才。在法学教学的过程中落实实践教学，有助于培养学生实际分析问题、解决问题的能力。课程设置结构上要体现课程体系的整体性和系统性，使学生既能根据自身兴趣爱好和社会的需求自由选择课程，也能为了适应知识经济挑战选择能够培养其自身现代法治精神、法治理念和训练其法律思维方式的课程。

2.合理引入和有效分配教学师资

要注重聘请有较强实践能力的法学专业人才，特别是具有司法机关工作经历的法学人才，同时应当确保教学资源的合理分配。

3.制度保障的创新

（1）建立多元的培养模式制度。在人才培养过程中，结合社会对法学人才的需求，将学校培养与多元培养结合起来。学校培养主要侧重法学基础理论、法学思维方法等。学校要与公检法机关等建立长期稳定的合作培养关系，扩大实习基地的建设，采取集中与分散实习相结合的方式，以培养出适应我国立法、司法、执法、法律服务和法律监督等要求的应用型法学人才。

（2）创新教师评价制度。目前，高校普遍重视教师的学历背景，通常会对取得博士学位的教师和引进的博士教师给予特殊支持，但是这些引进的博士、教授大部分是在研究型、学术型的教学环境下培养出来的。学校应注重"双师型"教师队伍建设，创新教师评价制度，把教师的实践活动成果和教学水平纳入教师的评价制度中，引导教师能把大量的时间和精力投入到实践和教学上。

（3）创新资金保障制度。应用型法学人才的培养必须有充足的资金保障。我国在财政预算上应当设立应用型法学人才培养专项资金，确保专款专用。同时，高等法学院校在积极争取教育部门应用型法学人才培养专项资金的同时，还应当充分发挥自身优势，争取社会资金的投入。

四、应用型法学人才培养模式的构建思路

（一）协调理论与实践课程的内在联系

应用型法学人才的培养强调从法律职业视角出发，教授知识并培养学生运用知识解决问题的能力，使学生完成必要的法学课程后，能够通过自己的学习能力面对社会发展的新形势，解决社会发展中的新问题。应用型法学人才培养应符合教育规律。应用型教学不能流于形式，高校要注意协调理论与实践课程的内在联系，将技能培育有意识地贯穿法学知识教授的全过程。

（二）调整课程体系，满足职业需要与实践需要

全面依法治国是坚持和发展中国特色社会主义的本质要求和重要保障，事关我党执政兴国，事关人民幸福安康，事关党和国家事业发展。法学人才的培养体系是国家法治体系的重要组成部分。应用型法学人才的培养注重法律教育和法律职业的紧密衔接，因此高校应调整课程体系，满足职业需要与实践需要。

根据应用型法学人才培养的特点和目标，课程体系往往具有职业导向性、灵活性、针对性等特点。在课程设置上，既要有基础学科作为支撑，又要根据不同法律职业者所需要具备的知识和技能有所调整。

此外，高校还要根据我国经济社会发展状况、法治建设总体进程、人民群众需求变化等，针对法律职业者的需要来更新教学内容。法学教育不仅要使学

生掌握传统规则、法学理论、职业需求和实务技能，而且要使学生掌握法学的规范体系，要使学生能够洞悉法律背后的社会结构与发展状况，从而推进法治中国建设。

五、应用型法学人才培养体系建设

（一）不同领域的应用型法学人才培养体系

1.法学学位教育

应用型法学人才培养注重对学生应用能力的培养。应用型法学人才培养体系的法学学位教育首先应当排除进行深入理论研究的法学博士学位教育。至于法学硕士研究生教育，由于存在法学硕士和法律硕士，且法律硕士的培养目标为应用型人才，故不应该被排除在应用型法学人才培养体系之外。因此，应用型法学人才培养体系中法学学位教育主要是指法学本科教育和硕士学位教育。

21世纪以来，我国法学教育蓬勃发展，速度与效率、数量与质量的矛盾日益突出，加之有些高校法学本科教育（包括法学第二学士学位教育）和硕士学位教育（法律硕士专业学位教育）并存，不能很好地衔接，进一步加剧了矛盾。应用型法学人才培养的法学学位教育应控制数量，注重质量，针对不同的培养目标，按照能力要求层次的高低进行阶梯型培养。

2.法学实践教育

法律应用知识的获取，必须依赖于真实的司法实践。因此，高校应重视法学实践教育。法学实践教育的形式主要有以下几种：

（1）法律诊所。法律诊所是法学实践教育的重要形式，是理论联系实际的重要平台。法律诊所承担着多元化的人才培养目标：使学生在实践中、在应用中、在实务操作和自我培训中锻炼应用技能，提高自身对法学理论和社会制度的理解和学以致用的能力。高校可以法律援助的形式，以实务操作的形式，让学生提前深入理解法律职业的真实内在，帮助学生择业，培养学生的法律伦理道德和社会责任感。

法律诊所作为教育机构存在的同时，它还具有另一种属性——民间法律援助机构。学生通过这一平台，在诊所老师的指导下，通过各种形式（如案件代理、义务咨询、普法宣传等）以自己所学、尽自己所能服务社会。法律诊所依托强大的校内资源，既有利于培养应用型法学人才，又有助于学生承担社会责任，无论是对人才培养还是法治中国建设都大有裨益。

（2）模拟法庭。模拟法庭是法学实践教育的重要形式。模拟法庭通常将较为复杂的案件（多为真实案件）作为素材，组织学生在接待当事人、处理分析法律关系、书写法律文书和庭审辩论等各个环节进行原被告双方（控辩双方）论辩，使学生获得相关经验，提高自身的实务技能。

（3）观摩庭审。无论是教师在课堂上播放庭审录像、组织学生去法院旁听，还是通过近年来流行的微博直播庭审进行互动，都有助于学生真实、直观地感受庭审氛围，了解庭审的全过程。观摩庭审，有助于学生了解诉讼程序，明白诉讼中应当注意的问题。如果高校能和各地法院密切开展合作，多组织学生实地观摩庭审，对法学人才培养将起到一定的积极效果。

（4）专业实习。专业实习是通过集中实习（由学校组织安排）和分散实习（学生自己寻找实习机会），在指导教师的指导下，进行与法学专业有关的工作实践。专业实习是重要的实践教学环节，时间长，有指导性，能够使学生深入了解相关法律职业，有助于学生通过实践来检验、修正理论知识，有助于学生养成良好的工作习惯，有助于学生汲取社会经验。

3.法学继续教育

法学继续教育在某种程度上是终身学习理念的重要体现，是对法律职业者修正、更新知识，提高技能的后期教育。国际 21 世纪教育委员会在向联合国教科文组织提交的报告中指出："终身学习是 21 世纪人的通行证。"在当今社会，终身学习不仅伴随法律人的职业生涯，而且也是法律职业者的一种工作方式和生活方式。

法学继续教育手段灵活，可以通过面授，亦可以通过便捷的 MOOC（大规模在线开放课程）实现。MOOC 内容多样，法律职业者可以学习各类人文学科，如秘书技能、行政管理、心理学等，以满足自身在复杂社会中的应用需求。

（二）不同分工的应用型法学人才培养体系

构建不同分工的应用型法学人才培养体系，要以法律职业为导向，有效衔接学位教育与实务界的培训。尽管应用型法学人才培养，突出"应用"二字，但法律基本理论才是应用之本。

高校对法学人才培养和实务界对法学人才培养的侧重点不同。高校对法学人才的培养，尤其是法学本科人才，侧重于法律理论。如果高校只侧重于实务经验的传授，而不重视理论知识的传授，这不利于学校资源的优化配置，也是一种资源的浪费。此外，高校对法学人才的培养，尤其是本科教育，不侧重于实务技能的传授，不代表没有实务技能的传授。高校可加强与法律实务部门的合作，聘请有实务经验的法律职业者通过法律诊所、模拟法庭等实践教学形式，培养学生的实务技能。

第三节　学术型法学人才培养模式

在法学高等教育阶段，将学术型法学人才培养与应用型法学人才培养区分开是非常有必要的。无论是从法理学的角度还是从部门法的制定上，法律理论研究的目的是令法理更加具有逻辑性、更符合现行的法律框架，使法律更加具有适用性。学术型法学人才培养与应用型法学人才培养并不矛盾，甚至进行这样的法学教育分类更能体现法学教育整体的层次性。学术型法学人才培养模式应该与应用型法学人才培养模式共同发展。

学术型法学人才培养模式是以选拔高层次法学研究型人才和拔尖创新型法学人才为主要目标，主要为高校、科研机构等单位培养教师和科研人员的规范化机制。我国对学术型法学人才的培养主要集中于法学硕士和法学博士的教育上。

一、法学硕士

法学硕士是法学专业学位教育中位于法学学士和法学博士之间的一个层次，供本科阶段为法学专业的考生报考，侧重于法学的理论研究，旨在为国家培养全方位的学术型人才。有学者认为，按照卓越法学人才的内涵要求，扎实的实务能力是优秀法学人才应当具备的基本素质，面向法治实践进行学术研究是学术型法学硕士研究生理当自觉努力的方向。

（一）法学硕士的培养目标

我国法学硕士的培养目标为：培养热爱祖国，拥护中国共产党的领导，拥护社会主义制度，遵纪守法，品德良好，具有服务国家、服务人民的社会责任感，掌握法学学科坚实的基础理论和系统的专业知识，具有创新精神和较强解决实际问题的能力、能够承担某一特定领域法学专业相关工作、具有良好职业素养的高层次应用型专门人才。

法学硕士教育制度设置的初衷是为法律教育和科研机构培养学术型人才，它所预期的毕业生是学术法律人，而非实务法律人。法学硕士的培养目标是以教学、学术为指向，使法学硕士研究生掌握法学的基本原理、原则、理论和思维，更加强调学术性。

法学教育是我国教育体系中的重要组成部分,是法学教育学术研究性的体现,而学术研究性强调法学的社会性,强调法学教育的职业性和实践性。因此,尽管法学硕士研究生和法律硕士研究生在理论知识结构和能力方面的要求有所不同,在培养目标上有所侧重,但仍属于同一层次、不同类型的人才,并不能互相取代。

(二)法学硕士科研能力的培养

1.培养科研能力的方式

法律研究乃至实践并非简单的逻辑推理、演绎归纳,而是一项创造性的工作。一般认为创造性是指个体产生新奇独特的、有社会价值的产品的能力或特性,故也称创造力。在信息时代和法律快速发展的条件下,法律的变化和知识的更新非常频繁,教师不仅要传授给学生基本的法律知识和法律观点,还要让学生具备法律思维能力。吸收研究生参与导师的课题是培养研究生科研能力的有效方式。三年制的研究生至少有一年时间参加科研活动,甚至许多研究生一入学便在导师指导下开展科研工作。目前,研究生已经成为许多科研课题研究的中坚力量。

2.选题的方式

法学硕士研究生主要通过阅读或调查研究积累知识,通过不断对已有的知识理论和法学研究动向进行归纳和总结,结合自己的思考形成新的观点,以此求得理论创新。法学硕士研究生参与课题侧重于创新性和前沿性。

3.科研要求

只有当申请人的学业水平达到国家规定的标准,才可以向学位授予单位申请相应的学位。法学硕士研究生撰写出高质量的调查报告,如案件调查、立法调查等,也应视作完成了科研工作量。对法学硕士研究生毕业论文的评审,应强调创新性,注重学术水平和科研能力。

4.课题的组织

一方面，要对研究生参与课题提出明确、严格的要求，即实事求是、客观真实地反映研究对象，做到数字正确、论据可靠、推导有依据、引文有出处，以形成有质量的研究或调研成果；另一方面，要倡导独立思想、自由精神，为研究生参与科研创造宽松、和谐的学术环境。

二、法学博士

法学博士是法学高等教育体系中的最高学位。各个国家的法学博士所授予的对象和范畴均有所不同。法学博士属于学术型博士学位的一种，授予范围既包括法学专业，也包括政治学、社会学、民族学、马克思主义、公安学等社会科学类专业。法学博士生教育以培养高等教育和研究机构的教师或研究人员为目标，以对经典著作的研读和讨论为主要授课方式，以学术论文的发表和毕业论文的写作为主要评价标准，是一个张扬学术自主性和彰显学术研究性的过程

（一）法学博士的培养目标

使法学博士学位获得者在本门学科上掌握坚实的基础理论和系统深入的专门知识，具有独立从事科学研究工作的能力，在科学或专门技术上做出创造性的成果。

（二）法学博士的学制

一般法学博士修读期最少为三年，学生须修完一定学分的指定课程，须撰写一篇博士论文并通过论文答辩，获得学院的认可后便能获得法学博士学位。

（三）法学博士招生的专业

法学博士研究生主要招收法学硕士。法学类博士研究生主要分为法理学、法律史学、宪法学与行政法学、刑法学、民商法学、诉讼法学、经济法学、环境与资源保护法学、国际法学等专业，主要培养面向法律教学、科研和司法实务部门的专门人才。

我国的博士学位由国务院授权的高等学校和科研机构授予。高等学校和科研机构的研究生，或具有研究生毕业同等学力的人员，通过博士学位的课程考试和论文答辩，成绩合格，达到规定学术水平者，可授予博士学位。

第四节　辅助型法学人才培养模式

依法治国，建设社会主义法治国家不仅需要高层次法律人才，还需要大量的基层法律工作人员、法学辅助性人才。近年来，我国法学教育快速发展，为社会培养了大批基层法律人才和法学辅助人才。高校可通过人才培养模式的改革创新，提高法学辅助人才培养的需求符合度和质量，提升法学专业毕业生的就业竞争力。

一、法学辅助人才培养的价值功能定位

法学辅助人才和其他高技能人才相比，不仅具有较强的职业岗位技能，还要有良好的法律意识、社会责任、职业精神。法学辅助人才的培养注重德、法、能、技四要素的相互联系、相互促进，重点培养学生的法律职业素养和处理法

律辅助性岗位一般性事务的职业技能。

（一）品德为先

高校要坚持"育人为本，德育为先"的方针，把立德树人作为人才培养的根本任务，构建起具有法学辅助人才培养特点的思想道德教育体系；坚持以社会主义核心价值体系为基础，突出思想政治品德和法律职业道德两个重点。高校不仅要培养学生的诚信品质、敬业精神和责任意识，还要结合应用型法学人才素质特点，使学生树立追求真理、维护正义的崇高理想；使学生牢记忠于祖国、执法为民的职业宗旨；使学生坚定弘扬法治、忠于法律的信念。

（二）学法为实

按照"学法为基、知法为本、守法为尺、用法为度"的原则，在教学中突出法学基础理论和法律知识在实际工作中的针对性、实用性，为学生将来从事法律相关工作打下坚实的基础。因此，法学专业教学要紧紧围绕岗位的需求来组织和实施。

第一，专业基础课以"必需、够用"为度，不追求理论的系统性和完整性，保证适应不同岗位的基础知识需求，使学生理解、掌握基本法律原理和条文。

第二，在专业课方面，以实际应用为重点，以讲授实用性较强的专业课为主。通过这些课程的学习，提高学生理解和应用部门法律的能力、对法律关系的分析判断能力和逻辑推理能力。

第三，根据专业特点，进行教学内容改革，打破传统课程之间的界限，舍弃与专业方向关联不大的内容，对传统的基础课与专业课教学内容进行必要的选择、提炼，整合后形成新的综合性课程。这样，既保证了专业知识的连贯性、融通性，又突出了实用性、实践性，降低了理论难度，突出了相关专业的特点。

（三）能力为本

注重学生的能力培养，形成以关键能力为核心、专业能力为重点、创新能力为依托的综合职业能力结构。

在关键能力方面，重点培养学生的学习能力、动手能力、信息收集及处理能力、交流沟通能力、社会适应能力。

在专业能力方面，重点培养学生的政治鉴别能力、法律思维能力、法律服务能力。

在创新能力方面，重点培养学生的观察力、记忆力、想象力、思维力、情感力、意志力。

在对职业能力进行分析的基础上，要结合学校的办学资源和人才培养特色，建立以职业能力训练为导向的教学体系。

采用互动式、案例式、启发式、专题讨论式等教学方法以及"教学做"一体化教学模式，鼓励学生主动参与课堂教学过程，引导学生独立思考，激发学生学习的主动性和积极性，培养学生的科学精神和创新意识。坚持广大学生"受教育、长才干、办实事、做贡献"的指导思想，组织学生开展以社会调查、青年志愿者服务、大学生社区矫正服务等为主要内容的社会实践活动，培养学生团队合作精神，提高学生的社会适应能力，提升学生的综合素质。

（四）技能为用

以法学辅助人才主要从事各种法律辅助性和服务性职业的需求为出发点，法学辅助人才培养要重视学生技能培养的针对性、实用性，突出专业核心技能；要重点培养学生的档案整理与装订、汉字录入、法律文书处理、当事人接待、办公设备使用、卷宗分析、外出办案等实用技能。学生若想成为法院书记员、法官助理、检察官助理，就要具有较强的理解和运用法律的能力，熟悉法律程序，具有一定的中文速录能力；学生若想成为法律文秘人员、律师助理，就要熟悉法律规范，能熟练制作各类法律文书，能熟练使用办公自动化系统，具备收集和运用各种法律信息资源的技能；学生若想成为基层法律服务机构的工作人员，就要熟悉法律规范，有较强语言表达和沟通能力，会调解、论辩，能处理一般性法律纠纷和法律问题。

通过案例教学、模拟法庭等校内实训环节，让学生进行观察、体验，感受职业氛围，增强对未来职业的感性认识，激发其职业兴趣；通过开展社会调查、法律咨询、法制讲座、法律知识竞赛、辩论赛等进行法律实践教育，使学生较快适应职业的实际需要；通过组织学生参加法院庭审的旁听，巩固学生所学的专业知识，提高分析问题和解决问题的能力；通过学生在公检法机关、律师事务所、社区等处的实习实训，使学生直接参与实际事务，使学生在实践过程中融合自己的知识和能力，形成具有职业特色的综合职业能力。

二、法学辅助人才培养模式的原则

（一）素质教育原则

法学辅助人才作为法律职业人应具备高尚的法律职业伦理道德与初级的法律职业技能。法律职业伦理道德包括：立法为公、执法为民的职业宗旨；追求真理、维护正义的崇高理想；崇尚法律、法律至上的坚定信念；认同职业伦理，恪守法律事业道德的自律精神。而初级的法律职业技能包括初级法律思维能力、法律表达能力、探究法律事实的能力和制作司法文书的能力等。

（二）适用性原则

法学辅助人才社会角色在于消除大众和法官、检察官和律师之间的隔阂，因此法学辅助人才必须是大众化的、本土化的。在实施过程中，法学辅助人才须密切联系群众，深谙我国的国情民情，这有利于弥补法律职业共同体形成后法律在实践中的结构功能缺失。

（三）经济性原则

法学辅助人才培养的立足点之一，在于降低司法成本，因此法学辅助人才培养的成本更应遵循经济性原则。一方面，要缩短人才培养周期；另一方面，要运用现代化教育手段，发挥网络教育在法学教育过程中的作用，降低教育成本。高校可根据自身条件，利用网络图书馆、网络法律教室等，降低法学教育的成本。

三、法律辅助人才课程体系建设

课程建设是人才培养模式改革创新的核心环节。从人才培养方案上看，课程教学时间往往占全部教学时间的 2/3 以上。学校关于人才培养的一切措施，最终都在具体课程中落地，通过课程教学来实现。根据教育规律、特点，课程建设和改革要体现两个方面的基本要求：一是依据职业岗位的实际需求，把专业知识和专业技能有机地融为一个整体；二是强调能力本位和从职业活动的实际需要出发来组织教学内容。这就需要高校摒弃传统的法学教育观念，携手政法行业和法律实务部门共同开展职业岗位（群）的分析和研究，引进法律辅助等相关职业岗位的任职要求，积极推进以法律辅助性岗位工作任务为导向的课程改革，构建突出法律职业素养、职业能力、与法律辅助性岗位要求紧密衔接的全新专业课程体系。

下面，笔者以书记员岗位为例讲述法律辅助人才课程体系建设。在进行课程体系设计时，要依据书记员岗位职责和"庭前、庭中、庭后"的工作过程，分析、归纳书记员典型工作任务，以任务为驱动，以项目为导向，开发课程，在"教学做"一体化上下功夫。这种课程体系设计彻底改变了以知识为基础设计课程的传统，真正以职业岗位（群）工作任务所要求的综合职业能力为本位，实现了课程体系结构从学科结构向工作结构的转变，从而有利于培养具有良好法律适用能力、庭审速录技能和司法秘书实务能力，具有良好职业道德和沟通协调能力，能够胜任法院、检察院等政法单位书记员岗位的高素质、高技能型专门人才。

第四章　诊所式法律教育

第一节　诊所式法律教育的目标
制定原则和核心目标

诊所式法律教育是源于美国的一种法律教学模式，旨在提高学生的实践能力。诊所式法律教育的出现，为法律教育事业注入了新的发展活力。这一强调实践技能培养的教学模式极大地激发了学生接触法律实务的积极性，也为将来他们迅速与法律职业接轨打下坚实的基础。

一、诊所式法律教育目标的制定原则

要探索诊所式法律教育的目标，必须明确诊所式法律教育目标的制定原则。诊所式法律教育目标的制定原则主要有以下几点。

（一）从法律教育实际出发

目标的制定应依据现实的发展现状，脱离现实发展现状的目标不但难以实现，同时也会起到错误的导向作用，还会使诊所式法律教育的施行产生偏差和负面效果。因此，制定我国诊所式法律教育总体目标时，必须从我国现有的法律教育状况出发。此外，高校引入诊所式法律教育的时候，必须考虑到学生从

传统学习方式向新的以实践为主的诊所式法律教育方式转变中可能会遇到的问题。目标的制定还应该结合诊所式法律教育的特点，应当考虑学生的接受能力，应立足于现实，以一种渐进的、平稳的方式，使学生逐渐适应新的学习方式，从而实现诊所式法律教育应有的价值。

（二）充分挖掘教育潜能

对诊所式法律教育应该有什么样的期待，这是在制定诊所式法律教育目标的时候应该考虑到的问题。目标的制定必须从实际出发，但是它同时也应该高于现实，如果目标只是对现状的一个相近描述，那么目标就会失去它的推动作用。所以，在制定目标的时候，应该让目标高于现有的情况，从而保持诊所式法律教育的发展动力。

（三）保留充足的灵活性

对目标本身的认识是一个发展的过程，我们在朝着诊所式法律教育目标前进的同时，也必须具备对该教育模式反思的敏锐性，通过实施诊所式法律教育的学生和社会的反馈，对教育目标本身进行评估，在发展的过程中用发展的观点来看待诊所式法律教育目标，通过不断的反馈、反思和修正，保持诊所式法律教育目标的科学性和实用性。

二、诊所式法律教育的核心目标

诊所式法律教育的核心目标是为学生提供一种全新的、注重体验的学习方式，培养完整意义上的"法律人"。下面，笔者重点介绍诊所式法律教育核心目标的三个重要内涵。

（一）教育

诊所式法律教育主要是一种教学模式，其核心仍然是教育。为社会提供法律服务并不是诊所式法律教育的核心目标，而是社会目标，是组成目标的一部分，是为学生提供实践教育的手段。

（二）职业技能和道德

诊所式法律教育的最大特色莫过于它对实践的重视，让学生通过实践体验来获取知识和经验，这也是它与传统课堂教育的差异。虽然诊所式法律教育通过让学生深入接触司法实务，调动其对现有法律制度的反思与批判，但重点仍然是如何让学生通过亲身的体验和实践，掌握专业的职业技能，树立正确的职业道德观念。

（三）完整意义上的"法律人"

传统的法学教育重视理论的研究和探索，很少能够为学生提供亲身体验的机会。诊所式法律教育的出现，有利于学生毕业后快速适应法律职业。高校应根据自身具体情况，恰当使用诊所式法律教育，将它与传统理论和案例教学结合起来，以取得更好的教学效果。

诊所式法律教育建立在真实的案件背景材料和真实的当事人基础之上，学生通过办理真实案件，参与案件处理的全过程，了解事实，运用证据，寻找真相。在这一过程中，学生将注意并认真思考每一个办案细节，结合具体的事实和证据进行分析，要考虑法律与事实背后的联系，甚至要去推测和判断法官和对手的想法，了解案件所具有的特定社会背景，从委托人的角度出发，寻找有利于委托人的解决问题的最佳途径

诊所式法律教育的核心目标是让学生在掌握基本法律理论的同时，能够在实践中加以领悟和运用，从而做到理论联系实际，成为完整意义上的"法律人"。

第二节　诊所式法律教育的主客体

一、诊所式法律教育的主体

诊所式法律教育关系是由诊所式法律教育主体、客体构成的。诊所式法律教育主体包括教师、学生、当事人和法官等，他们在诊所式法律教育中地位不同，所起的作用也不同。教师在诊所式法律教育活动中，以"教和学"并重，即在教中学，在学中教。学生在诊所式法律教育活动中，以"学和用"并重，即在学中用，在用中学。当事人是诊所式法律教育案件中的真实主体，他为诊所式法律教育活动提供了真实的教学背景。学生通过这一背景，与社会接触。

（一）特殊主体——教师

法学教师既是法学教育改革的参与者，又是法学教育改革的被参与者。由于这一特殊地位，法学教师往往压力大、任务重。

一方面，在诊所式法律教育中，教师不再是整个教学过程的控制者，学生也不仅仅是被动的知识接受者，学习的共同特性使得教师和学生的关系经常变化。诊所式法律教育中的师生关系与学徒关系不同，是在平等、合作的基础上的一种良性互动关系。

另一方面，诊所式法律教育对教师的知识结构、教学能力、工作态度及责任感都提出了更高的要求：要求教师具有扎实的法学理论知识，具有丰富的法律实践经验和阅历；要求教师根据法律的变化、学生的需求更新教学内容；要求教师注重社会实际，对社会实际保持高度的敏感；要求教师必须对学生负责，了解和掌握学生的情况，以便对学生进行个性化指导。

1.课堂内

由于诊所式法律教育的特殊性，诊所式法律教育中的教师与学生角色也具有特殊性。教师在诊所式法律教育中扮演的角色与在传统教育中扮演的角色不同，不再只是"主导者"的角色，而是"引导者"和"控制者"的角色。

所谓"引导者"，即诊所教师在课堂中并不起主导作用，注重引导学生成为课堂教育的中心和主体。在诊所式法律教育中，课堂教育围绕学生这一中心展开。诊所教师应当在教学中为学生创造出更多自由发挥的空间，一般不轻易地就某一问题下结论，而是通过各种提问，引导学生展开讨论、辩论，使学生自己得出答案。

所谓"控制者"，即诊所教师营造生动、活泼的课堂氛围，使学生充分发挥其主体作用，使学生积极讨论、辩论。任何事物都有其两面性，若教学方法过于灵活，课堂气氛过于活泼，学生在讨论、辩论时，有可能会脱离主题、偏离中心，这不利于教学计划的实现。因此，诊所教师应有效地控制讨论的主题和节奏，有效地组织和串联每个发言者的意见，扮演好"引导者"和"控制者"的角色。

2.课堂外

在诊所式法律教育实践过程中，虽然每个办案小组都有一名诊所教师作为指导教师，但他并不插手案件，他只负责指导小组成员，将主动权、决定权交给学生。指导教师只在办案小组的决定触及当事人合法权益时，对学生提出建议，进行适当引导。办案小组由学生主持，整个案件都由小组成员办理，教师一般不直接告诉学生答案，而是引导学生去思考，让学生自己去寻找答案。这样做的原因主要有以下三点：

（1）教师所给答案，不是唯一正确答案。事实上，在各种可供选择的答案中，教师给出的答案仅仅是可供选择的答案之一。教师的答案会影响学生的思考，不利于学生创新意识的培养。

（2）教师说出的答案，很容易被学生忘记。对于自己找到的答案，学生往往会记得较牢。

（3）诊所式法律教育往往为学生提供足够的讨论、思考以及实践的空间，因而教师应适当保持沉默，引导学生进行思考，引导学生自己解决问题。

另外，诊所教师应保证学生在诊所中有充分的时间进行思考，引导学生预测案件中的所有可能，引导学生选择合适的策略，提高学生运用法律知识解决问题的能力。在诊所式法律教育中，教师指导学生探索职业价值，并培养学生的社会责任感。

在诊所式法律教育中，教师并不像传统法律教育模式下那样能够控制一切，而是需要与学生一起参与计划，寻找解决问题的方法，这在一定程度上使教师与学生加强了合作。

3.教育评论

诊所式法律教育的一个重要特征就是对学生的练习进行反馈。反馈对学习而言是最基本的，如果没有反馈，学生很难正确评估自己，并做出相应改变。反馈包括关于学生做过的练习、为该练习所做的准备以及练习结果等信息，要尽可能精确。反馈可以采用不同的形式，如集中反馈和非集中反馈。集中反馈，即参与诊所式法律教育的所有学生在一定时间内集中进行反馈，是诊所式法律教育的主要反馈方式。这种方式能够让更多的学生有机会审视自己的行为，从而提高学习的积极性和主动性。诊所教师通过与学生谈话来提出反馈的过程称为"评论"，评论并不仅仅是简单地列举学生的错误，然后告诉学生怎样做，而是帮助学生正确看待自己的行为，并使学生养成思考的习惯，引导学生从经验中学习，使学生不断进行自我思考和自我纠正。在反馈过程中，学生要能够认识到自己的优势与不足，因为反馈实际上是一个再学习和相互学习的过程。

评价是对诊所式法律教育中学生的工作进行的评判或衡量。评价的主体包括诊所教师、被评价学生、客户、其他学生等。评价对象主要是学生对实体法和程序法的了解、工作中的行为表现等。评价方法往往因评价主体的不同而有所区别。作为主要评价主体的诊所教师，其评价可以是口头的，也可以是书面的。诊所教师的评价方法，可以是评分也可以是评级。总之，评价是多主体、多层次、多方面肯定或否定学生法律实践行为的过程。

诊所式法律教育评价内容和方式应采取综合化、多样化的标准。评价内容的综合化要求在评价过程中注意以下两点：一是智力和创新人格的结合，二是知识型内容和能力型内容的结合。具体的评价手段有如下几种：

（1）个性评价。个性是创造力的培养基，诊所式法律教育的评价要重视学生的个性，要对学生在接受诊所式法律教育过程中表现出来的怀疑精神、创新思维、丰富的想象力以及强烈的创造激情予以积极评价。

（2）过程评价。对学生参加诊所式法律教育这一过程进行评价，能如实反映学生在诊所中的动态，可以有效提升学生的创造能力。

（3）内在评价，即自我评价。学生可通过对照自己纵向发展的学习状态，对自己做出正确评价。内在评价能有效发挥评价的激励功能，从而最大限度地发挥个体的创造潜能。

（二）积极主体——学生

诊所式法律教育作为一种全新的教育模式，在实践中得到了学生的大力支持。教师作为教的主体，学生作为学的主体，两者形成教学互动关系，共同作用于教与学。学生是诊所式法律教育的主要角色，是诊所式法律教育的主要对象，因此要发挥学生在诊所式法律教育中的独特作用，可从客观条件的创造和主观能动性的发掘两方面入手。

1.诊所式法律教育中学生的作用

（1）发现问题。诊所学生在课堂上，往往能够发现各种问题。这些问题可以作为教学素材，帮助该学生以及其他学生取得更大的进步。

（2）解决问题。在诊所式法律教育中，问题往往没有标准答案，答案需要学生自己去研究、探索。诊所式法律教育给学生提供了认识、分析和解决实际法律问题的模拟和实战机会。在诊所式法律教育中，学习的最后结果往往是要找到解决法律问题的方案，学生为了得到这样的方案，他们会像职业律师或法官等那样认真分析案件，找到法律上的争议点，确定适用的法律，最后对案件作出判断。学生在解决问题的过程中不断成长。

（3）学习的反作用。在诊所式法律教育中，完成学习任务是学生的主要工作，但是诊所式法律教育也是一种师生共同参与、积极互动的教育模式，学生的活动除受教师指导外，还可以反过来对整个教育模式和诊所教师产生一定的影响，这可以说是学生对课堂的反作用。

第一，学生影响教学重点。诊所式法律教育课堂的主导实际上是学生，教师往往是给学生指明一个方向，最后总结评价，整节课的中间部分全是由学生自己完成的。也可以说，学生的行为决定了每一节课的具体内容。比如，教师提出这节课的主题是谈判，那么具体内容要根据学生的学习情况而定。学生影响课堂重点的行为完全是无意识的。在以往的教学过程中，教师认为的重点和学生认为的重点时常不一致，这往往会造成"不懂的不讲、懂的继续讲"的情况，浪费师生的时间。学生影响教学重点在一定程度上可以提高教学效率。

第二，学生开拓教师的思路。诊所式法律教育对教师的影响不可不提。在传统教学中，每一个教师都会准备一套完整的教学方案，这一行为不适用于诊所式法律教育。在诊所式法律教学过程中，学生可能会有不同的、全新的观点，或是对已有理论有一种全新的理解，这在一定程度上有助于开拓教师的思路，从而为其以后的教学提供参考。

第三，学生参与诊所式法律教育的研究。在诊所式法律教育中，学生作为被教育的对象，在一定程度上参与了诊所式法律教育研究。学生可能提出更适合自身的教学方案，还可能反馈教学成果和学习感受为教学研究提供参考，最重要的是，学生的参与使诊所式法律教育更有针对性。

总之，学生除了影响学，也影响教。如果能发掘学生对诊所式法律教育的反作用，将会使诊所式法律教育取得更好的效果。

2.诊所式法律教育对学生的影响

（1）自信心的增强。诊所式法律教育能够为学生创造更多的学习空间，给了学生思辨、阐述的机会，有利于增强学生的自信心、独立性，培养学生独立的人格。学生在诊所式法律教育中是独立的，能独立思考，有独立的发言权。在诊所式法律教育中，教师通常进行启发式、引导式提问，使学生根据自己的经验、常识、知识等自主思考。诊所式法律教育课堂讨论激烈程度与辩论赛是难分上下的。在课堂讨论过程中，诊所教师不应控制学生的发言，而是要注重引导学生分析问题，找出分歧的关键，让学生自主思考、讨论。

（2）体验法律职业者的责任。诊所式法律教育注重培养学生的职业责任。一般情况下，诊所学生不但代表当事人，也代表整个法律诊所的形象。诊所为学生提供了实践的机会，学生必须考虑到诊所的利益，不能因为自己的行为使诊所蒙受损失，更不能因为自己的过错使诊所的形象受损。因此，培养学生的职业责任和职业道德至关重要。法律诊所应努力创造职业责任教育和职业道德教育的良好氛围和环境，使学生受到良好的职业责任教育和职业道德教育。

（3）感受道德和职业责任的冲突，并寻求两者之间的协调。在传统的法学实务课程中，教师教授学生法律工作者应维护当事人的合法权益，为当事人争取最大的利益。然而，现实往往不会那么简单和机械，法律工作者会遇到很多棘手的问题，如道德和职业责任的矛盾等。要想让学生学会处理这一问题，须让学生亲身体验，寻求两者之间的协调，做出正确选择。

（4）服务、奉献精神的加强。法律诊所办理的大多是法律援助案件，法律援助是一项社会事业，它所能教会学生的不仅是知识，更是一名法律职业者应具有的职业道德和职业责任，以及对社会的奉献精神。法律职业者，首先就要有正义感，有同情心，在法律诊所学习办案中，诊所学生往往能深刻体会到这一点。

总之，诊所式法律教育，因为其特殊的教学方式和实践模式，使学生在学习、讨论的时候认真对待，有利于学生的发展。

（三）其他主体

1.当事人

诊所式法律教育在课堂内使用真实的背景材料，在课堂外让学生代理真实的案件，并接触到了真正的当事人。与当事人接触，打开了学生了解社会的窗口，学生需要了解当事人的身份、地位、遇到的麻烦等，这也使学生开始思考法律与社会的关系、法律职业与其他职业的关系、法律职业者的职业道德与职业责任等问题。虽然，诊所式法律教育中的当事人大多是社会弱者（诊所主要代理法律援助类案件），他们往往处于一种消极、被动的地位，需要学生为其提供法律服务，这有助于学生了解社会，了解社会问题产生的原因，激发学生学习法律知识的积极性。

对于学生来说，与当事人建立信任关系非常重要。诊所的当事人是真实案件的当事人，大多数是弱势群体，诊所学生是诊所式法律教育的主体。诊所学生代理案件，要对当事人负责，包括与当事人会谈，开展必要的调查，制定和实施代理计划，对案件进行全面分析，研究案件的事实、证据，制作法律文书等。诊所学生在代理案件中，要体会到与当事人建立信任关系的重要性。

法律工作者行使职权的基础是当事人的委托，当事人委托的前提是对法律工作者的信任。而如何建立起良好的信任关系，与当事人初次见面时的表现很重要。学生要想与当事人建立信任关系，在初次见面时要做到以下几点：①倾听，学会"听"是学生能否与当事人建立起信任，代理能否成功的关键；②询问，问要建立在听的基础上，学生最好在初步明确案情及存在法律争议后，再开始询问当事人。

2.法官

学生在代理当事人案件时，经常会与法官打交道，如何处理与法官的关系，即法律职业者在职业中的人际关系问题，是学生需要学习的内容。在诊所式法律教学中，教师可邀请法官参与其中，从而让学生近距离接触法官，了解法官。

二、诊所式法律教育的客体

（一）教师在诊所式法律教育中的活动

1.诊所式法律教育教学体系的设置

（1）教学目标

诊所式法律教育是知识与能力相结合的教育，其目标是培养学生法律思维能力、法律推理能力、职业技能和职业素养。因此，诊所式法律教育的目标之一就是教学生一些办案技能，使学生能应对那些标准的法律活动。这些技能包括：会见当事人，咨询、调查事实，谈判，提供建议，书写法律文书等。但是，这些使学生掌握这些技能只是诊所式法律教育的目标之一。诊所式法律教育的目标还有很多，如解决法律问题的能力。诊所式法律教育要求学生学会分析事实和法律，寻找证据，在特定的问题中组织争议点，寻求法律依据，还要求提高学生推理能力。此外，如何批判性地思考问题、创造性地解决问题等都是诊所式法律教育的重要内容。

诊所式法律教育强调法律思维能力、法律推理能力和法律表达能力，并不只注重使学生学习和记忆某些法典，原因如下：

第一，在现代社会，法律工作者要能帮助当事人分析经济利益，要能帮助当事人分析项目中的各种风险，要能给当事人提供各种法律咨询等。因此，法律工作者光有某一方面的法律知识是不够的，还要有创造性思维能力，以便满足当事人的需要。此外，法律工作者还是一个顾问，须具有一定的洞察力，法律推理能力和法律表达能力。

第二，有时当事人需要法律工作者起草特殊法律文件，这时法律工作者必须是一个技能娴熟的法律语言运用者，即能把当事人的想法转换成法律语言。法律语言的合理应用是非常重要的，因为争议的解决，有时可能取决于某些词语的运用以及对法律的解释。除能记忆及复述具体的法律条文外，学生还应接受口语表达和文字推理等技能的训练。掌握上述技能，有利于学生满足当事人的需要。

（2）教学内容

教学目标是教学活动的出发点和归宿，是教学活动的核心和灵魂。它决定着教学内容的确定与安排，教学方法的选择与运用。诊所式法律教育关注学生的需求、发展，因此诊所式法律教学应是传授法律知识和法律职业技能的教学，是促进应用的教学，是促进理解的教学，是帮助学生适应社会、个人变化的教学，是使学生以不同的方法观察事物、评价事物的教学。

第一，传授法律知识和法律职业技能的教学。诊所式法律教育目标的实现是以学生理论和实践能力的共同提高为保障的。诊所式法律教学既注重传授法律知识和观点，又注重教授法律职业技能和职业责任。学生在法律诊所中学习理论知识、技能知识，在实践中不断寻求理论知识和技能知识的平衡。现代社会处于不断发展变化之中，诊所式法律教育只有结合不断变化的社会实践，才能不断发展，才能与时俱进。

第二，促进应用的教学。诊所式法律教育的教学内容不论是在课堂内还是在课堂外，都为学生的应用学习提供了场景，这也是诊所式法律教育区别于其他教育模式的一个方面。模拟场景和真实场景为学生参与实践创造了条件，使知识和技能的应用找到了载体，使价值和责任得到了体现，使学生的能力得到了发挥，使学生体验到了创造的愉悦和交际、合作的重要。模拟练习是诊所式法律教育中经常采用的方法之一，教师在设计模拟练习时，应注重练习与教学内容的结合。角色模拟练习是诊所式法律教育中经常使用的练习方法之一，教师在设计该练习时，应始终把握在应用中学习的尺度。

第三，促进理解的教学。诊所式法律教育提倡在实际背景之下的学习，学习背景为学生应用知识和技能提供了空间，有利于激发学生学习的积极性和主动性。学生应在理解中学习，最终掌握法律知识和职业技能。为了使学生在理解中学习，教师在模拟练习中应准备关键问题，以突出教学目的。

第四，帮助学生适应社会、个人变化的教学。诊所式法律教育将学生置于一个不断变化的学习环境中，帮助学生适应社会、个人变化。现代社会要求大学生学会生存、学会发展、学会学习，能适应不断发展的社会变化。学生在法律诊所中学习，其个人的发展和变化，如对法律职业、职业责任的理解，对社会的了解等，会随着学习的进程而有所变化，学生可根据变化不断调整自己的学习目标，这样才能取得更好的学习效果。有的学生进入法律诊所学习后，往往会改变自己以前的择业意向，这与其参加法律诊所学习，对自我有了更深刻的认识有直接的联系。

第五，使学生以不同的方法观察事物、评价事物的教学。诊所式法律教育强调让学生以不同的方法观察事物、评价事物，在教学中采用多种评价方法。学生经过系统的训练，能够熟练掌握观察事物、评价事物的方法，进而能在实践中应用不同的方法去解决问题，提高综合能力。

（3）教学大纲和教材

根据诊所式法律教育教学目标和教学内容，并考虑在练习中可能涉及的问题，教师可以为诊所式法律课程编写一个详细的教学大纲。诊所式法律课程对教材的要求比较灵活，对教材的依赖不像一般法学课程。诊所式法律课程教材对诊所式法律课程只起到一个指导性、框架性的作用。

相较于诊所式法律课程教材来说，诊所式法律课程的有关参考资料更加重要。诊所教师向诊所学生提供材料的多少，影响诊所式法律教育的效果。

2.诊所式法律教育教学质量的控制

（1）了解学生对教学效果的看法

学生对教学效果的看法，实际上就是学生对教学的评价。在诊所式法律教育中经常采用评价的方法，评价可以是学生的自我评价、学生间相互评价，也可以是教师对学生的评价、学生对课堂的评价。学生是诊所式法律教育的主体，他们直接参与诊所式法律教育的全过程，亲身体验了诊所式法律教育的内容、方法。学生的感想、体会往往直接反映诊所式法律教育取得了怎样的教学效果，也反映诊所式法律教育质量的高、低。诊所教师应根据学生的反馈及时调整教学内容和教学方法，不断调整与学生的关系，提高诊所式法律教育的教学效果。

诊所教师可以通过多种形式了解学生对教学效果的看法，如口头或书面形式、个别或集体了解等。但要注意，这一工作应是经常性的、持续性的。

（2）诊所式法律教育对学生产生的影响

有效教学，就是在符合时代和个体积极价值建构的前提下其效率在一定时空内不低于平均水准的教学。所谓"有效"，主要是指通过教师在一段时间的教学后，学生所获得的具体进步或发展。有效教学的重要标准是对学生学习的影响。在诊所式法律教育中，教师应关心诊所式法律教学对学生产生了什么影响，这也是评价教学质量的标准之一。诊所式法律教育的目标是要培养应用型法学人才，诊所式法律教育的教学内容、方法都是围绕此目标展开的。教师在实施教学过程中，应使学生明白诊所式法律教育是一种职业教育，应使学生重视职业技能和职业素质的培养和训练等。

（3）诊所教师对教学的反思

诊所式法律教育提倡通过批评反思的方法进行教学反馈，教师在教学过程中也应不断评价教学、反思教学，从而提高教学质量。反思有助于教师系统回顾、全面了解教学过程，包括教学理念、教学内容、教学方法等的使用，从而对自己做出正确的评价。

（4）给出高质量的反馈

诊所式法律教育是实践性法律教育，从经验中学习是诊所式法律教育的学习方法，但从经验中学习不仅仅是简单地通过实践学习，必须要关注对学生练习的反馈。诊所教师应给予学生高质量的反馈，使诊所学生能正确评估自己的行为，认识到自己的优势和不足，做出相应改变，并形成不断反思自己行为的习惯，从而进行自我纠正。高质量的反馈为诊所学生创造了一个再学习和相互学习的过程。

（二）学生在诊所式法律教育中的活动

诊所式法律教育相较于传统的法学教育模式，在培养学生实践性法律技能、法律职业道德等方面有了很大的突破。诊所式法律教育既是国际法学教育改革的发展趋势，同时又符合我国素质教育的既定目标，在我国法学教育中的积极作用是显而易见的。

诊所式法律教育分为课堂教育和实践教育两部分。课堂教育是实践教育的基础，是在教师的指导下通过模拟教学的形式，促使学生以学习、思考、再学习、再思考的方式掌握知识要领，为实践活动做好充分的准备。同时，学生也将信息反馈给教师，实现教学相长。实践教育是指让学生亲自代理简单的案件，从中领会、掌握代理诉讼的技巧。

学生的学习过程可分为自我学习、相互学习、自我评价、相互评价四个部分。这四个部分是相互渗透、相互补充、相互促进的，这也是诊所式法律教育将学与思融合的过程。

1.自我学习

自我学习，主要是指学生通过阅读教学材料、查阅相关资料，做好相应准备工作，独立运用诊所式法律课程教材进行学习的方法。自我学习中得到的知识虽然是有限的，但正是这些有限知识的铺垫，才使学生更加容易接受并配合以后的教学。自我学习主要表现在以下几方面：

（1）阅读、分析作业和教师指导。诊所式法律教育的每一个过程都与实践相关。诊所式法律教育的作业也多与实践中遇到的问题有关，可以说，学生写作业的过程往往就是思考实践问题的过程。通常在诊所式法律教育的第一节准备课，即学生的面谈练习以后，教师就会把大家分成不同的小组，布置不同的作业。有的学生扮演当事人，有的学生扮演律师，还有的学生以观察者的身份，观察别的学生的交流演练。以笔者布置的一次作业为例：作业的第一部分是让学生简单介绍一下当事人与案件相关的情况，并熟记与自己扮演角色相关的内容；作业的第二部分内容是教师指导，教师在作业中会提醒学生如何表达以便融入自己的角色。无论扮演哪一角色，学生都要注意说话及思考方式，而扮演律师的同学则在作业中被提醒要注意问话的方式、内容、态度等。学生拿到作业及作业提示以后，就进入了自我学习的第一个阶段——阅读并分析。教师在作业上也给予学生一定的提示，但是提示不是解决问题的方法，学生必须自己分析问题，寻求解决问题的办法。虽然大多数学生没有法律相关工作经验，能够分析出的要点很少，但是学生自己独立思考是改变传统教学的重要一步，也是变被动学习为主动学习的关键一步。

（2）寻找、查阅相关资料。学生做完阅读分析作业后，应当去寻找相关资料，为学习做更充分的准备，这是学生自我学习的第二个阶段。在这个阶段中，学生需要通过查阅相关资料取得更多信息。比如说扮演律师的学生，可以找到与律师相关的资料。对于一个没有任何经验的学生而言，能够想到要给当事人干练、严肃、热情的感觉，就已经很不错了，这是学生针对自己年纪轻，经验不足，容易给当事人造成不信任感的应对方法。但是更深一层的问题是学生自己难以想到的，比如说律师的具体询问步骤，问话技巧，陈述内容的技巧等。那么，书本就是最好的信息来源，从书本上，学生可以知道问话有直接式、开放式，又可以有谈心式、询问式、迂回式等。这一阶段的学生与上一阶段的学生已经有了不小的进步，学到了掌握理论知识的重要途径。

（3）课堂模拟。一直以来，我们都在强调理论联系实际，实践的确是理论的运用与发展，诊所式法律教育尤其重视实践的作用，因此诊所式法律课堂上也有许多模拟实践的内容。

学生已经通过自学的方式获得了大部分的理论知识，这些知识在课堂模拟中被运用，这个运用的过程是学生自我学习的第三个阶段。再好的书本知识，都不可能面面俱到，再好的书本也无法教会学生如何运用，课堂模拟是学生对理论运用的第一次探索，意义非凡。以会见当事人为例：扮演律师的学生知道了许多提问的方法，但不知道用哪一种更好，于是会一个个试，比较一下效果。

这是学生尝试运用理论的过程，这种过程，也是学生自我学习的内容之一。学习知识的根本目的就是要运用。学习理论知识并非难事，而要把理论活用为一种艺术是很困难的，能否达到质的飞跃关键就看这一步。

2.相互学习

诊所学生相互学习，是弥补自身不足的方法之一。每个学生身上总有几个闪光点，是值得别人学习的。诊所学生可以向自己的搭档学习，也可以向扮演同一角色的同学学习。

以论辩练习为例，两个学生都只掌握了与自己相关的资料，双方努力为自己的当事人争取最大的利益。有的学生从一开始就在向对手学习，如对方律师提条件的方式，处理提问的方法等。学生从对手身上不但可以找到对方的优点，也可以看清自己的缺点。模拟练习做得越真实，学生可以学到的东西就越多。模拟练习的结果并不重要，重要的是学生如何去运用、去学习。

通过诊所的模拟练习，每个学生都会有一番思考，然后就可以进入诊所式法律教育共同交流、共同提高的阶段。每一组的学生可在全班学生面前说出自己的想法，进行经验交流。学生往往会注意到别人的不足，这也有助于其反省自身。在全班的经验交流过程中，学生也会发现许多学习技巧和好的做法等，可以归类整理，好好利用。

虽然自我学习可以帮助学生获取一定的理论知识，但是相互学习也是学生获取知识的有效办法。在学习的过程中，学生要学会反思，这有助于其获取更多知识。

3.自我评价

学习是评价的基础，评价是学习的指引，将学习和评价结合起来，有助于学生学习知识、提高能力。自我评价，是评价活动的关键。学生往往不能清楚地认识到自己掌握了多少知识，在哪方面有所欠缺等。自我评价的过程是学生分析自身状况、得出结论的过程，也是学生找到并弥补自身不足的过程。

（1）明确已知。学生要了解自己的学习情况，就要知道自己学会了什么，就是说认准自己的位置，这是起点。明确已知，其一是为了学生发扬自己的长处，促使学生不断地运用已经掌握的知识，提高学生运用法律知识的能力。其二，学生不知道自身的真实情况，也就不知道自身能力与实践需求之间的巨大差距。

（2）找出差距。找出差距是学生自我评价的中心环节，找差距是建立在对自己和别人都了解的基础上的，诊所课堂上有很多学生之间相互了解、相互沟通的机会。差距一方面体现在学生理论知识掌握的程度上，另一方面体现在学生运用知识解决实际问题的能力上。学生之间的差距总是在不断变化的，学生要正视自己与别人的差距，不断调整自己，提高能力。

（3）找准目标。找准目标是自我评价的最后一个阶段，与再学习是紧密相关的，找准目标是再学习的前提。为什么要强调找准目标呢？这是为了使学生少走弯路。比如在会见当事人的过程中，第一个学生什么都没说就开始发问；第二个学生先进行了自我介绍再开始发问；第三个学生给当事人倒了杯茶，进行了自我介绍，请当事人坐下，然后开始发问。处理同样的问题，每个学生的做法皆有所不同，需要学习的学生，应当以最大差距为目标，一次到位，可以少走不少弯路。因此，找准目标是非常重要的。

找准目标，还体现在要找到实现目标的途径。找到实现目标的最佳途径是高效学习的条件之一。一个学生，如果发现自己的基础知识掌握得不牢固，就得多看、多记；如果发现自己在运用知识方面有问题，就得多模仿、多实践；如果发现自己的思考方式有问题，就得多观察、多理解。找到实现目标的途径，选择合适的学习方法，能使学生少走弯路，使学生在相同的时间内掌握更多知识与技巧。

4.相互评价

相互评价是指针对某个学生的某一个问题，学生们一起讨论，说出自己的理解，进而得出共同的结论。相互评价意义重大。在相互评价中，诊所学生共同参与活动，一起思考，一起学习，一起进步。

相互评价的内容是多样的，首先是要找出问题。一般在模拟练习以后，教师都会让同学回顾自己的行为，并进行分析、比较，然后说出自己存在的问题。有时，教师也会让观察员或模拟搭档评述被观察者的表现。

单纯地把问题找出来还不是相互评价的全部，相互评价还包括解决问题。学生们在找出问题后，还要共同思考，集思广益，然后解决问题。此外，并非每一个学生都能认识到自己所有的问题，有些问题要靠别人发现。在相互评价时，学生们会共同帮助有问题的学生，帮其找出原因，然后提出改进的方法。

相互评价还要求学生把自己的经验和心得拿出来与大家分享，这是团队精神的体现。在相互评价中，某些方面较优秀的学生可以讲述自己的做法，其他学生可以参考、学习，以提高自己的能力。

从某种角度来说，诊所式法律教育就是学生自我学习、相互学习、自我评价、相互评价的过程。在这一过程中，学生不断地重复学习知识—发现问题—解决问题—再学习的过程。自我学习、相互学习、自我评价、相互评价这四个环节是一个整体，密不可分，无论少了哪个环节，教学活动都难以取得理想的结果。因此，学生在接受教师指导的同时，也要坚持自我学习、相互学习、自我评价、相互评价。

（三）诊所式法律教育的实践活动

实践，是检验真理的唯一标准。诊所式法律教育弥补了法学院在实践能力培养上的不足，是从书本知识到法律实践的纽带，为有志于从事法律事务的法学专业的学生架起了从学校到社会的重要桥梁，使得他们在学生阶段就能够运用所学为他人提供法律帮助，有助于他们快速实现向法律工作者角色的转变，是我国法律援助体系不可或缺的组成部分。对学生来说，诊所式法律教育的实践活动意义重大。

1.与当事人交流

（1）会见当事人，与当事人交流是诊所学生实践的第一步。学生与当事人的愉快会面、有效交流，是学生成功解答当事人的法律咨询问题并与当事人建立代理关系的基础。

第一，会见当事人是学生与当事人之间面对面的交流方式，也是极佳的取得信息的方式。无论在哪一类案件中，与当事人面对面交流所得到的信息，都比阅读案卷材料得到的消息更加具体详尽。因为书面描述是无法体现当事人的具体感受，也很难反映案件的所有细节的。通过与当事人的交流，往往更容易发现问题，更易得到有价值的信息，能更全面、具体地了解案件。

第二，与当事人交流是取得证据的最简单方式，也方便及时了解案件的各种问题。任何一个当事人，基于利己性，往往会将利于自身的证据以最快的方式、最大限度地提供给其代理人，这对于学生来说，一方面减少了其取证难度，另一方面减轻了其工作负担。

（2）与当事人交流的原则。诊所式法律教育的主体是学生。在与当事人交流中，排除法律知识和经验的欠缺，学生面对的最大困难是如何让当事人对自己产生信任感。法律工作的特殊性之一，就是一个人要将自己遇到的问题告诉另外一个完全陌生的人，以求得帮助，这就使信任成为开展一切工作的前提。这就是我们所要坚持的总原则——建立和保持与当事人之间良好的信任关系。作为诊所学生，首先要取得当事人的信任。为此，在会见当事人、与当事人交流时，必须坚持以下原则：

第一，细心观察，突破当事人的心理障碍。一般来说，当事人不信任学生一方面是因为对学生的能力有所怀疑，另一方面是对自己有保护意识。因此，学生要细心观察，慢慢对当事人进行思想疏导，逐渐了解当事人的内心，不可操之过急。

第二，保持热情和严肃的态度。学生应热情迎接当事人，这既给予当事人解决问题的希望，同时也有利于之后双方愉快地谈话。对学生而言，要对当事人热情相迎，但是要以严肃的态度对待案件，切忌全程嘻嘻哈哈，给当事人留下不沉稳、不可靠的印象。学生切记：当事人的主要目的是解决问题，空有热情是不能够解决问题的。

第三，认真负责。会见当事人时，学生应认真负责地完成自己的工作。此外，学生还要养成做笔录的习惯，认真记下当事人所说的每一个细节。

2.发现问题的方法

会见当事人、与当事人交谈以后，有相当一部分案件会进入代理阶段，这也要求学生扮演好代理人的角色，在实践中学习，在困难中磨炼、提高。代理过程的一个重要方面就是要发现问题，证实问题的存在，最终解决问题。发现问题的方法有很多，调查取证是最主要的方法。在一个案件中能否取得充分有利的证据是代理成功与否的关键。同时，发现问题、取证与案件分析及计划相互联系、相互依存。发现问题、案件分析及计划可以指导取证；取得的证据又可以为案件分析提供材料，还有助于发现新的问题。

（1）证据的识别

证据是指依照诉讼规则认定案件事实的依据。证据包括：物证，书证，证人证言，被害人陈述，犯罪嫌疑人、被告人供述和辩解，鉴定意见，勘验、检查、辨认、侦查实验等笔录，视听资料，电子数据，等等。一个案件中至少有一个证据，更多情况下是多组证据被同时运用，共同发挥作用。证据的作假手段多种多样，有时仅凭肉眼难以分辨证据的真假。但是，有些小技巧有助于分辨证据的真假。笔者下面就简单讲述一下这些小技巧：

第一，书证。举证义务人向法院提供的书证必须是原件，只有在原件取得困难的情况下才可以提交复制品、节录或副本等。

第二，物证。我国法律对书证的取得有程序性要求，但是对物证的要求却相对宽松，特别是在刑事案件中，一般只要查证属实，即可作为定案根据。

第三，证人证言。我国对传闻证据没有禁止性规定，因此证人可以不到庭，以录音、录像、笔录等形式做证。但是，认定无民事行为能力人或者限制民事行为能力人所做证言与其年龄、智力状况或者精神健康状况是否相当时，可以根据案件的复杂程度、对智力发育的要求程度，结合证人的年龄、生理、性格习惯、受教育的条件和程度，需做证事物的客观环境、条件等综合认定。

第四，当事人陈述。当事人的陈述有普遍性与易得性，是学生可以最方便取得的证据。但是当事人的陈述又有利己性、主观性和片面性，所以又是不能轻易相信的。当事人的陈述一定要经过审查判断，与其他证据相结合，才能作为认定事实的依据。

第五，视听资料。对于视听资料，要注意有没有经过裁减、伪造、嫁接等技术处理。

第六，鉴定结论。对怀疑可能不客观不公正的鉴定结论，可以按要求申请重新鉴定。

（2）确定证据

证据的种类形式多种多样，但是并不是说每一个可以用作证据的事实，在待证的案件中都有必要拿来当证据。这就要求学生必须学会依据具体案件，以诉讼请求为中心，有针对性地确定证据，具体做法可以参考以下几方面：

第一，原告依据诉讼请求确定证据。证据本来就是为诉讼服务的，原告为了支持自己的主张，必须拿出相应的证据。同时又要兼顾被告可能提出的不利的反证，而准备相应的证据。

第二，被告针对原告的诉讼请求或自己的反请求确定证据，目的与原告相同，都是为了支持自己的主张。

第三，特殊案件特殊证据。每一种案件都会有一系列的证据要求，甚至同一种案件中对证据的要求也是不同的。只有依据案件本身的特殊要求收集证据，才能有的放矢。比如在房产纠纷中就要事先准备好房屋产权证、土地使用证，最好还有该房产使用、收益、管理的证据。

第四，依据案件的法律性质确定证据。在司法实践中，一个案件经常涉及多个法律关系，必须依据不同的法律关系，收集更合适的证据材料，以更好地保护当事人的利益。

3.案件分析

（1）案件分析的现实意义

案件分析是诊所学生所要面临和解决的一个重要问题。在诊所式法律教育实践中，案件分析及计划都具有重要意义。同一般的课堂教学中的案例分析相比，它们既有共同点，又有不同点。诊所式法律教学中案例与一般课堂教学中案例的共同点在于都要运用相关的法律原理对有关案件进行分析，以求理清当中的法律关系、找出问题的焦点，进而解决问题。诊所式法律教学中案例与一般课堂教学中案例的不同点在于案件的来源不同，诊所式法律教学中的案例一般都直接来源于现实生活，具有较强的现实性；一般课堂教学中案例分析仅要求学生得出答案即可，而诊所式法律教学中案例分析不仅要求学生得出答案，还要求学生考虑现实操作问题。因此，进行案件分析具有十分重要的现实意义，这表现在以下几方面：

第一，案件分析是诊所学生解决问题的一个重要途径。通过案件分析，学生能精准把握案情，从而更好地解决相关问题。尤其是进行公民代理时，学生要认真分析所代理的案件，从中发现问题，并做好相应的准备。

第二，案件分析有助于提高诊所学生分析、解决问题的能力。由于所要分析的案件是现实生活中的案件，其生动性要明显强于书本上的案例，加上这些案件往往是由诊所学生亲自代理，案例分析往往更能够发挥学生的主观能动性。因此，诊所学生在分析案例的过程中能不断增强自己分析问题、解决问题的能力。

（2）案件分析的特点

第一，案件分析的主体，一般来说主要是诊所学生。在教学实践中，诊所学生在遇到有关案件或参与公民代理时，必然要对案件进行分析，并制订相应的计划。

第二，案件分析的对象是现实生活中的案件。同一般案例教学相比，诊所案件分析的最大特点就是案件是现实生活中的案件，这也要求诊所学生发挥其主观能动性解决现实问题。

第三,案件分析多通过集体讨论的形式来进行。案件分析往往是群体合作,多人共同参加,以集思广益,寻求解决问题的最佳方法。

第三节 诊所式法律教育的方法

诊所式法律教育有其独特的内涵和优势,能够极大地提高学生的实践能力。诊所式法律教育是一种开放式的教育模式,其教学方法也充分体现了开放式的特点,同时,灵活、新颖、立体、多角度的教学方法能够保证诊所式法律教育教学目标的实现。

一、提问式教学方法

提问式教学方法,又称苏格拉底式教学方法,是教师不断向学生提出问题,务求达到学生被"穷追猛问""难以招架"的地步,目的在于引发学生的思考。通常不会提问题的人,也难以发现问题;而不会发现问题的人,往往也难以提出问题。因此,学生不仅要会回答问题,更重要的是会注意问题、发现问题,并以适当的方式提出问题。

诊所教师针对诊所学生在办案中遇到的难点、疑点等,用带有启发性的问题在课堂上向学生提问,并让办案同学和其他学生针对该问题进行互问,同时允许学生在课堂规定的时间内向自己提问。这种教学方法在原有苏格拉底式教学方法的基础上,又注入了诊所式法律教育启发式提问的新特点,即问题被一次次反复提出,并且是由不同背景、不同身份的人以不同角度提出的,使问题的重要性、急迫性一次次被反复强调，能充分引起诊所学生的注意。此外，由于问题中的症结一次次被清晰呈现，这也有利于调动学生关注问题的积极性，有利于激发学生解决问题的兴趣，促进学生由被动学习转为主动学习。通过提问式教学方法，学生们的主动性、积极性被充分调动起来，再加上教师的启发式引导和一轮接一轮的新问题，学生将逐步深入探讨该问题，逐步解决该问题。

无论是同学之间的互问互答，还是教师的启发式提问，都能将一个问题拓展成几个或是十几个关联性问题，从而引发同学们多层面、多角度、全方位的思考。当学生对某一问题的回答有疑虑或不满意时，又会引发新一轮的提问。这种教学方法，有助于学生在巨大压力下保持冷静、沉着；有助于学生百折不挠，积极探求真理；有助于学生集中精力听课，积极主动地思考，有条不紊地回答问题；有助于学生举一反三地解决同类或相关的问题。

二、对谈式教学方法

对谈式教学法是以学生与诊所教师就案件进行一对一的谈话讨论，寻求解决问题的方法。对谈式教学方法的特点主要有以下两点：

第一，对谈的话题不限。对谈的话题可以是学生在办理案件中遇到的实体问题，也可以是学生遇到的程序性问题，还有可能是遇到的与办案相关的心理问题、社会问题、人际关系问题等。总之，只要是学生认为对案件解决有帮助的话题，都可以拿来与诊所教师探讨。

第二，对谈的场所、时间、方式不限。学生遇到问题可以随时随地找教师商量讨论，既可以在学校里，在课堂上，也可以在家里，在路边；既可以是电话交谈，也可以是面对面交谈，还可以发电子邮件进行文字交谈。学生与教师的谈话时间可长可短，以能够帮助学生解决所需要解决的问题为限。通常这类谈话是从学生叙述事实、陈述所遇到的问题开始，接下来诊所教师会用启发、引导性语言让学生生成解决该问题的思路和方法。不论学生提出的解决办法是否可行，教师都要肯定其独创性，尤其要注重学生形成思路的原因和过程，以便从中观察学生的办案思想，找出产生问题的根源。一旦发现症结所在，教师并不急于解决问题，而是启发、引导学生自己去认识问题的性质、分析现有思路及解决方法的优劣，可让学生用排除法、筛选法、比较法等寻找最佳的解决方法。

对谈式教学方法在诊所式法律教育中应用得十分广泛。使用对谈式教学方法，师生必须共同努力，营造对谈氛围，积极探求真理，这有助于使学生养成独自探求真理的习惯，使学生在独立办案时有一个清晰的解决问题的思路。可以说，对谈式教学方法是几种诊所式法律教育方法中最费时、费力的，也是与我国传统教育方法冲突最大的，但却是对学生今后独立工作最有益的教学方法。因为它不是告诉学生一个正确答案，而是教会了他们一套思考问题的方法，这对学生们来说是可以受益终身的。

三、互动式教学方法

互动式教学方法是教与学的交流与融合过程，是教师与学生平等对话、相互促进的过程。这一教学方法的恰当运用，会改变传统教学模式中教师唱独角戏、学生被动听课的局面，使学生成为教学环节的主体和积极参与者，有利于营造一种和谐、平等的对话氛围，增强学生的自信心和与人交流、当众表达、自主决策的能力。

通过提问与回答的多回合交流，诊所教师与学生之间形成了一种良性互动式的教学氛围。诊所教师通过不间断地提出启发性的问题，促使学生多层次、多角度思考问题，从而启发学生的才智，开拓学生的视野，提高学生解决问题的能力。教师与学生的互动可以推进教与学的交流，加深教师对学生的了解，促使教师不断地调整课堂教学计划，使教学更针对性，使教师有的放矢地解决学生在办案中遇到的问题。

四、模拟训练教学法

诊所式法律课堂中运用的教学方法之一就是模拟训练教学法。模拟训练教学法从不同角度划分，有不同的形式。从模拟的主体划分，模拟训练教学法可分为教师模拟、学生模拟、师生共同模拟，以及师生与当事人的共同模拟；从模拟的对象划分，模拟训练教学法可分为真情实景模拟、虚拟场景模拟、片段模拟、疑难问题模拟、事件处理模拟、各类诉讼角色模拟；从模拟的目标划分，模拟训练教学法可分为自我介绍模拟、接待当事人模拟、询问案件情况模拟、调查证据模拟、与司法机关打交道模拟、协商模拟、谈判模拟、法庭辩论模拟、辩护模拟、诉讼文书写作模拟等。

模拟训练教学法通过把学生带入一个虚拟的情境中，人为制造种种复杂疑难的情节，让学生去面对困难、矛盾和冲突，让学生独自处理、解决问题，从中观察学生应付突发事件的态度和解决疑难、复杂问题的能力。从目前的实际教学来看，模拟训练教学法主要采用现场演示评议的方式，活跃了课堂气氛，激发了学生的参与性，调动了学生的积极性，增加了学生实战的经验，深受法律诊所学生的喜爱。

五、个案分析教学法

个案分析教学法让学生从分析真实个案中发掘、了解法律的基本理念、诉讼的基本原则和程序，启发学生将所学法学理论知识运用于司法实际和诉讼代理中。个案分析教学法的具体操作方法因人、因案而异。诊所教师通常自己选择典型案例、情节，自行设计问题，在课堂上组织学生讨论。讨论往往不限于就事论事，还让学生就案件背后的法学原理、诉讼观念、诉讼传统等进行分析和评价，借以培养学生独立分析问题的能力和自主解决问题的能力，使学生在探讨和争论中寻找到解决问题的最佳途径和方法。

运用个案分析教学法进行教学，有利于充分发挥诊所学生的主观能动性，发掘诊所学生的智慧和潜力，使诊所学生将所学知识直接转化为处理具体问题的能力。此外，教师在课堂讨论中直接选用真实案例，有利于学生在个案分析中学到他人处理问题、解决问题的思路和技巧。特别是一些已有明确定型和结论的案件，学生可从中了解法官、检察官、律师、当事人等对案件的不同见解，从中学习各种诉讼参与人分析问题的角度与参与诉讼的技能，提高自己分析问题与解决问题的能力。

第四节　网络科技背景下的诊所式法律教育

随着网络科技的发展，国内外法学教育正迎来新的发展机遇，这也对诊所式法律教育产生了重要影响。

一、网络科技对诊所式法律教育的影响

目前互联网发展得越来越快，促使许多在线教育方式的出现，在一定程度上改变了我国法学教育的教学方式，也对诊所式法律教育有一定程度的冲击。网络科技对诊所式法律教育的影响主要有以下几点。

（一）提供信息资源，实现资源共享

随着互联网发展的加快，信息资源网络化成为一大潮流。作为知识经济时代的产物，网络信息资源也称虚拟信息资源，它是以数字化形式记录的，以多媒体形式表达的，存储在网络计算机磁介质、光介质以及各类通信介质上，并通过计算机网络通信方式进行传递的信息内容的集合。简而言之，网络信息资源就是通过计算机网络可以利用的各种信息资源的总和。目前网络信息资源以互联网信息资源为主，具有以网络为传播媒介、存储数字化、表现形式多样化、数量巨大并迅速增长、传播方式有动态性以及信息源特别复杂等特点。这些网络信息资源都是以超链接的方式，用统一资源定位系统来定位的。数字化的信息，既可以在计算机内被高速处理，又可以通过网络进行远程传送。于是，将如此大量的信息资源在网络上进行资源共享，为诊所式法律教育提供了丰富的资源。

在诊所式法律教育中，如果能充分有效地利用这些信息资源，有助于提高学生的学习效率和教师的教学效率，使学生在寻求信息的过程中逐渐提高并更新自己的知识。当学生需要学习相关法学知识时，可以上网搜索有关的学术论文、最新的法律条文和司法解释等，围绕相关主题寻找司法裁判。当学生遇见法学难题时，甚至可以到有关论坛寻求网友的帮助。网络信息资源具有信息传递迅速、取之不尽、用之不竭等特点，这不仅有利于法学教育，而且有利于实现教育资源共享。

（二）推动互动式教学与合作式学习

互联网的本质是分享、互动、虚拟、服务。而"互联网+"背后的本质就是"数据的流动"。互联网让数据流动了起来，在企业、人、设备三者之间产生了自由流动，信息交换发生在双方与多方（计算机）之间。互动式的诊所式法律教育强调的是诊所学生与诊所教师之间平等的沟通与交流，这种特性与互联网

的运行原理相似。学生学习与教师指导的过程，就是一种通过言语与非言语方式进行人际信息接收与反馈的过程，而互联网与计算机的结合，有助于推动师生之间、生生之间的信息流动，有助于加快信息传递的速度，有助于降低信息传递的成本。于是，诊所师生之间、生生之间的互动变得更加容易，学生可以以教师的课件、实务案例、参考书目等为基础，在虚拟课堂上进行互动式讨论、学习，或者组织网上模拟法庭，进行虚拟的角色扮演，学生还可以通过互联网与在线的教师、同学进行其他各种有益的互动。可以说，几乎所有的人际互动都可以利用计算机和互联网来完成。随着网络技术的发展，各种程序和网络工具的开发与应用，网络可以给我们提供的互动空间和方式还将更上一层楼。

诊所式法律教育的网络化教学，还为诊所师生进行合作式学习提供了更大的可能。借助互联网和计算机，学生可以不受时空限制自由在网上进行交流、讨论。现在许多网络教育平台支持学生进行通讯交流、工作空间共享、应用软件共享和协同创作等。

交互式教学是在宏观教学情景下，在多点自由切入的教学平台上，教师的教与学生的学围绕某一个问题或课题进行平等交流和自主互动的一种教学方法。合作式学习是指学生为了完成共同的任务，有明确的责任分工的互助性学习，侧重于分工合作。诊所教师可以通过制作多媒体课件，把文字、图形、图像、声音、动画、影像等多媒体素材在时间和空间两方面进行集成，使它们相互交融，以提高课堂效果，使原本枯燥抽象的课程变得生动而丰富，激发学生学习的积极性和主动性。

（三）便捷的信息交流

网络环境下，信息的传递和反馈快速灵敏，具有动态性和实时性等特点。再加上无线网络和卫星通信技术的充分运用，上传到网上的任何信息资源，都只需要短短的数秒钟就能传递到世界的每一个角落。诊所式法律教育如果以网络科技为支撑，那么师生之间的教与学就可以不受时间和空间的限制，学生可以随时上网，及时得到各种教育信息。

诊所师生可以利用电子邮件等来完成沟通、通知等日常性的事务，可以申请注册诊所式法律教育的论坛，还可以利用微信、QQ 等即时信息交流工具来进行信息传递和人际沟通，诊所教师可以建立自己的博客、微信公众号等来宣传、总结自己的教育心得，学生则可以通过博客等来总结自己的经验教训，与同伴分享代理案件等学习过程中的酸甜苦辣，他们在博客等上记录下的成长和学习经历还可以为以后的诊所式法律教育提供丰富的参考资料。

二、诊所学生利用网络科技解决纠纷

笔者下面以在线纠纷解决机制（Online Dispute Resolution, ODR）为例讲解诊所学生如何利用网络科技解决纠纷。

近年来，随着互联网的迅猛发展，跨国跨地域的电子商务纠纷越来越多，从而刺激了 ODR 在世界各国的快速发展。国际社会和组织越来越认识到 ODR 的低成本、高效率、便捷性、灵活性、全球性等优势。随着全球经济一体化和中国"一带一路"倡议建设的进程，中国互联网的发展势头和电子商务的快速兴起也呈现出蓬勃发展之势。中国已成为交易额超过美国的全球最大的网络零售市场。为解决日益增多的电子商务纠纷，淘宝、京东、苏宁易购、国美在线、当当、亚马逊等电商平台通过电子邮件、在线聊天、400 电话等途径解决纠纷。一些独立第三方的 ODR 正悄然兴起。在"互联网＋"行动计划的国家战略的引领下，我国许多电商平台已建立了 ODR，部分法院开始尝试建立网上法庭，让公众受惠于互联网的发展，足不出户解决纠纷。

对于身处 21 世纪的法学专业的学生而言，要在信息化、网络化的社会中妥善处理好与此相关的各种纠纷，就必须了解、熟悉 ODR，并学会有效运用。

（一）ODR 的概念

ODR 是将替代性纠纷解决机制（Alternative Dispute Resolution, ADR）与网络信息技术相结合来管理冲突的一种纠纷解决机制。ODR 包含网上调解、网上协商、网上仲裁，还包括由个人和组织提供的用于非正式冲突管理的信息管理工具。ODR 可以有效降低纠纷解决成本，没有时间和距离限制。ODR 可以说是对 ADR 的发展和延伸，但是 ODR 并不只是将网络当作电话、传真一样的通信工具来发挥作用的。在 ODR 发展的早期，人们是利用网络技术进行沟通，整个解决纠纷的过程是在模仿传统的 ADR。

在调解人或仲裁人作为第三方的基础上，网络科技可以进行程序上的管理，促进争议问题的整理，促进纠纷主体达成纠纷解决的合意。将网络科技比喻为"第四方"，实质上是强调了网络科技在促进纠纷解决方面的重要作用。有学者认为，网络科技带来信息传递上的便捷，它不仅是工具，而且可以起到协助与替代第三方（自然人）的功能。可以说，正是第四方概念的提出，使我们看到了将 ODR 区别于 ADR、独立研究 ODR 的重要性。

我国比较早的 ODR 有易趣网的信用评价系统、实验性金额自动协议系统和中国互联网络信息中心的域名争端解决程序。发生纠纷的任何一方当事人可以通过互联网在该网站登记案件，申请在线和解或在线调解，该网站将通过电子邮件等方式通知对方当事人，在对方当事人也认可这种纠纷解决模式的情况下，启动在线和解或者在线调解程序。诊所学生可以利用 ODR 为诸如网上交易纠纷、消费者权益保护、劳动争议等简单、小额案件的当事人提供高效、经济、优质的服务。

（二）ODR 的类型

ODR 的类型主要有以下几种：

第一，网上顾客投诉服务。网上顾客投诉服务，就是投诉方以在线方式投诉，由服务网站与被投诉方取得联系，尝试和解。

第二，网上协商。网上协商是当事人双方利用网络技术解决纠纷的一种方式。当事人可以利用电子邮件、QQ、微信等进行远距离文字、音频或视频的沟通和交流，可以高效传递信息。

第三，网上调解。网上调解是指权威法律调解仲裁机构和调解仲裁申请人采用具有法律效力的电子签名技术手段在网上申请和开展调解仲裁的法律过程。网上调解包括网上申请调解、网上审核受理调解、网上办理调解、网上发布裁定等四个法律调解步骤。对电子商务来说，便捷的网上纠纷调解平台是非常重要的，目前电子商务诚信危机层出不穷，电子商务安全得不到保证，纠纷常常发生而又难于调解。相比以往线下调解或仲裁，网上调解可以节省大量的时间和成本。所以网上调解将成为企业解决经济纠纷的主流趋势。

第四，网上仲裁。网上仲裁，就是利用网络科技来订立仲裁协议、进行仲裁程序并由选择的中立仲裁人做出仲裁裁决的纠纷解决过程。

其他网上纠纷解决方式还有案件评估程序，即由中立第三方考量争议并对事实、法律和可能的结果提出建议。

（三）ODR 的优势

1.更具开放性的纠纷类型

ODR 在发展初期主要是为了解决当事人距离遥远、小额的电子商务纠纷，节约当事人的成本，高效便捷地解决纠纷。随着电子商务的迅猛发展，与网络交易相关的网络支付纠纷、网上小额贷款纠纷等都开始运用 ODR。近年来，ODR 并未局限于解决电子商务纠纷，而是涵盖了以下几类纠纷：

（1）诉讼请求仅有金钱类的民事纠纷，指除网络世界的交易纠纷外，现实生活中的保险、佣金、房地产、人身轻微伤害赔偿等纠纷也包括在内。

（2）纠纷性质为侵权类的商标权纠纷、著作权纠纷等知识产权纠纷。

（3）利用网络技术解决优势明显的纠纷，如网络域名纠纷、网络游戏纠纷、网络版权纠纷以及虚拟财产纠纷等。

（4）当事人不愿暴露身份、不愿面对面交锋的家事纠纷、相邻纠纷、隐私纠纷等。

随着我国基层社会治理网格化的全覆盖、立体式的发展，在劳动争议、医疗卫生、物业管理、消费者权益保护、土地承包、环境保护以及其他纠纷多发领域，各地开始探索建立"一站式"纠纷解决服务平台，完善和健全实体化运作机制，切实发挥互联网在纠纷解决及跨界融合中的强大作用。

2.更具共享性的解纷（即解决纠纷）资源

ODR 的最大特点是共享化、社会化。人们可以通过在线纠纷解决平台，实现法律资源与非法律资源、官方资源与民间资源、国内资源与国际资源的合理配置和资源共享。

（1）积极发挥民间资源的力量。积极调动人民调解组织、行政调解组织、行业专家、律师、心理学家、社区工作者，以及社会志愿者等社会力量的参与，为当事人提供更多可供选择的纠纷解决渠道。当事人可以选择最适合的调解员，既可以是本辖区的调解员、也可以是外省甚至外籍调解员解决纠纷，真正实现解纷资源的共享，实现利益的最大化。

（2）发挥企业和独立第三方的纠纷解决作用。例如，淘宝网自主研发了一套大众评审团模式纠纷解决平台，在线解决多件纠纷；新浪建立了微博社区调解平台。

（3）借助人民法院信息化 3.0 版的优势，把更多法院建成"电子法院"。浙江省高级人民法院"浙江法院电子商务网上法庭"在杭州市中级人民法院、西湖区人民法院、滨江区人民法院、余杭区人民法院等法院进行试点；吉林省高级人民法院在全省法院探索建立了"电子法院"。其他法院也在积极推进电子法院的建设。

（4）探索司法资源与社会资源的交融共享。例如，新浪网研发互联网调解平台，与法院进行合作，建立了"e 调解"平台，将社会调解力量引入法院诉讼服务平台，实现了跨界交融、良性互动。

（5）全球经济一体化建设催生 ODR 的国际化发展。"一带一路"倡议也亟须中国加快在线纠纷解决平台全球化建设的步伐。一个纵向贯通、横向集成、共享共用、安全可靠、全球视野的在线纠纷解决信息系统正在筹划建设中。

3.更具便捷性的解纷服务

ODR 与传统纠纷解决机制相比，其最大的优势是便捷高效、成本低廉。当事人之间、当事人与调解员之间都可以自行选择适当的时间、地点使用网络通信工具进行交流，申请、举证、质证、调解、开庭以及送达文书等程序均在线完成，减少了诉累，节约了成本，效率大大高于传统纠纷解决方式。

在享受 ODR 给当事人带来程序上的快速、便捷、高效率的同时，人们更加期待纠纷的顺利解决和正义实现，如在线纠纷证据的举证和认证、线上线下的交融配合、调解协议的履行和执行、跨境调解协议的认可等，这些问题都对 ODR 的发展形成极大的挑战。

所以，未来 ODR 的发展，从解纷方式上，不仅包括线上解决，也包括线上线下的交融；从事实认定方面，要求在线纠纷解决机构、电商平台、认证机构、鉴定机构之间加强深度合作，整合资源，借助于电子签名、电子认证等新兴业务，强化证据的可信性，降低当事人举证难度；从与司法对接方面，加快对在线仲裁协议、在线调解协议的确认和执行，以及国外在线仲裁协议、调解协议的承认等问题进行研究，以适应互联网全球化发展的需求。

4.更具自治性的社会治理

电子商务在给人们带来交易方便的同时，也使交易纠纷甚至欺诈交易变得更加方便和复杂。例如，买卖双方当事人距离遥远甚至位于不同的国家，彼此之间的了解仅限于网上发布的信息，双方不仅对交易对象的真实交易过程的安全性等存有疑虑，而且一旦出现纠纷（如货物不符、延迟交货、拒绝付款、欺诈等问题）通过诉讼或者其他非诉讼纠纷解决程序方式解决，将会承担成本高于标的额的巨大风险。如果纠纷不能得到顺畅解决，势必影响人们对电子商务的信心。

因此，许多电商企业通过畅通的解决纠纷渠道来提高消费者对电子商务的信心。我国也应鼓励电商企业尽快建立健全企业信赖标志和可靠性计划，提升消费者对电子商务交易的信心。具体措施如下：推动电子商务的行业自治，建立 ODR 的规范和标准，确定设立 ODR 网站的主体资格，从业人员的培训和筛选，建立社会化评价机制、奖惩及退出机制等，明确收费标准以及网站欺诈、违约、侵权的法律责任等，保证 ODR 的中立、公正、高效的程序规则。

5.更具普遍性的解纷规则

由于网络世界的特殊性，人们对 ODR 存在天然的不信任，对 ODR 的裁决程序、调解员或裁决人的中立性心存疑虑。为增加当事人对 ODR 的认可和信任，必须建立更具普遍性、权威性、中立性的解纷规则。

（1）建立以程序公正为第一位的 ODR 程序规则。要设计确保调解员或者裁决人的中立性和当事人充分陈述的程序，明确当事人的处分权对程序公正的补充；明确在线送达的方式以电子手段为主，实体手段为辅；明确在线送达的效力，在线文件传输的方式和安全保障；尽快研究解决电子证据的合法性和客观性问题。

（2）建立 ODR 调解员或裁决人的中立地位保障机制。调解员或裁决人的专长、教育经历、工作经历、ODR 培训经历等信息均在线公开。由 ODR 系统软件随机选取或者由当事人合意选择调解员或裁决人。当事人一旦发现其可能存在不公正的情形时，可以随时要求更换调解员或裁决人。

（3）ODR 网站应建立对调解员或裁决人的评价体系，由当事人随案对调解员或裁决人进行评估打分，还要建立对调解员或裁决人的考核机制。

（4）建立 ODR 调解员或裁决人培训机制。ODR 的一个优势是具有裁决上的专业技术优势，必须建立一套严格的选拔培训机制，确保调解员或裁决人具备专业技术特长、网络技术背景、纠纷解决能力等，并取得培训资格证书等。

（5）研究建立 ODR 的执行程序。ODR 裁决实现的最佳方式是当事人自愿履行。如果当事人不自愿履行，可以研究建立以消费者优先保护为原则，网络自治执行为主、网络社区执行为辅、兼顾社会力量执行的机制。

6.更具挑战性的法治保障

对于法律人来说，现实世界里的传统法律问题依旧存在，而互联网世界里发生的纠纷以及相应的纠纷解决机制又提出了更大的挑战。如ODR程序中"正当"当事人、"诉讼"行为能力、管辖、受案范围、网络安全、隐私权保护、举证难、"屏对屏"非人性化、准据法的选用、执行难等问题，亟须深入研究；有关在线仲裁协议、调解协议的效力，仲裁地、调解组织所在地等问题影响到管辖法院的确定；调解协议的司法确认机关、执行法院的选择、执行方式的变化等问题，需要制定新的规则；当事人使用网络局限、语言交流的障碍也给跨境交易纠纷的处理带来不便……ODR是对传统司法解决交易纠纷以及其他纠纷机制的一种非常重要和有益的补充，国家应通过法律、法规，确认不同类型的线上纠纷解决机制及其服务的法律地位，并制定具体的运转规则，使ODR的效用在中国得到更加充分的体现。

（四）诊所式法律教育中ODR的应用

在诊所式法律教育中，ODR也是解决纠纷的有力武器，主要体现在以下几点：

第一，接受当事人网上法律咨询、投诉与立案。当事人网上法律咨询，就是当事人可以利用网上留言等方式，向诊所学生提出需要解答的有关法律问题，诊所学生负责说明和解释。当事人网上投诉，就是当事人以在线的方式投诉，由服务网站与被投诉方取得联系，尝试和解。当事人网上立案，就是针对当事人的网上投诉，由诊所师生集体决定是否代理某个当事人的案件，对决定代理的案件在网上立案。接受当事人网上法律咨询、投诉与立案，是法律诊所学生最日常的活动内容。

第二，网上协商。网上协商是诊所学生与当事人或者对方当事人之间，利用计算机与网络通信技术进行沟通而自主地"会见"当事人，即了解案件的事实，与当事人的利益诉求，或者与对方当事人进行谈判而协助解决纠纷的一种活动。诊所学生可以利用视频会议、电子邮件、QQ、微信等进行远距离文字、音频或视频的沟通，以达到在虚拟世界中高效率地传递信息、化解误会、平息纠纷的目的。其实很多纠纷产生于误会或沟通方式的不当，有时候，只要加强矛盾双方之间的有效沟通，许多纠纷都可以被迅速解决。诊所学生应当具有一定的法律素养，由他们来协助当事人与对方当事人或代理人进行谈判，可以提高己方的谈判力，为纠纷的解决创造条件。从目前的情况来看，多数网站提供的网上协商程序是免费的，同时充分体现了程序进行的自主性和解决结果的合意性，这就有利于诊所学生对它的利用。

第五章 法学实践教学的
课程体系构建

第一节 建构主义学习理论
与法学实践教学

一、建构主义学习理论

建构主义是一种关于知识和学习的理论，强调学习者的主动性，认为学习是学习者基于原有的知识经验生成意义、建构理解的过程，而这一过程常常是在社会文化互动中完成的。建构主义是认知心理学的一个分支，被广泛应用于哲学、教育学、心理学和语言学等学科。建构主义的最早提出者可追溯至瑞士儿童心理学家让·皮亚杰（Jean Piaget），他是认知发展领域最有影响的一位心理学家，他所创立的关于儿童认知发展的学派被人们称为日内瓦学派。皮亚杰的理论充满唯物辩证法，坚持从内因和外因相互作用的观点来研究儿童的认知发展。他认为，儿童是在与周围环境相互作用的过程中，逐步建构起关于外部世界的知识，从而使自身认知结构得到发展。在皮亚杰的上述理论的基础上，劳伦斯·科尔伯格（Lawrence Kohlberg）在认知结构的性质与认知结构的发展条件等方面作了进一步的研究；罗伯特·斯滕伯格（Robert J. Sternberg）等人则强调了个体的主动性在建构认知结构过程中的关键作用，并对认知过程中如何发挥个体的主动性做了认真的探索；维果茨基（Лев Семёнович Выготский）创立的"文化历史发展理论"则强调认知过程中学习者所处社会文化历史背景的作用，在此基础上以维果茨基为首的维列鲁学派深入地研究了"活动"和"社会交往"在人的高级心理机能发展中的重要作用。所有这些研究都使建构主义理论得到进一步的丰富和完善，为实际应用于教学过程创造了条件。

建构主义学习理论现在已经达到较为成熟、完备的水平和阶段。作为一种与传统客观主义不同的学习理论，建构主义学习理论认为：学习是积极主动的建构过程，认识是个人独特构造活动的结果；知识是个人经验的合理化，而不是说明世界的真理，知识是在学习者头脑里被构造出来的；知识的建构并不是任意和随心所欲的；学习者的建构是多元化的。究其本质，建构主义学习理论重视主、客体的互动，反对只讲主体或只讲客体，强调学习的主动性、社会性和情境性，这种观点无疑为法学专业实践教学提供了坚实的理论基础。

为了让教师更好地引导学生构建知识体系，建构主义学习理论描述了其独特的教学模式，主要包括支架式教学模式、抛锚式教学模式和随机进入式教学模式。

第一，支架式教学模式。学界一般将支架定义为为学习者建构对知识的理解提供的一种概念框架。由于学习者对问题的理解呈现逐层深入的规律，所以事先要把复杂的学习任务加以分解。概念框架就是为学习者顺利迈进下一个层次学习任务时的支架，目的是将学习者的理解逐步引向深入。

第二，抛锚式教学模式。建构主义学习理论认为，学习者要实现对所学知识的意义建构，最好的办法是让学习者到真实环境中去感受、去体验，而不仅仅是聆听别人关于这种经验的介绍和讲解。抛锚式教学模式将教学建立在有感染力的真实事件或真实问题的基础上。

第三，随机进入式教学模式。建构主义学习理论凭依弹性认知理论，将教学的主要目的定位为提高学生的理解能力和知识迁移能力。该理论认为，事物本身复杂多样，要准确地认识事物并把握事物本质及事物之间的内在联系，从而全面进行意义建构，这对学习者而言具有一定的困难；要全面深刻地认识事物、建构知识，应从不同的角度加以考虑。以弹性认知理论为理论基础，随机进入式教学模式强调随机性，学习者可以通过不同途径、不同方式学习同样的教学内容，摆脱教师单纯灌输知识的状况，从而多层次、多方面地认识同一事物或同一问题。

二、建构主义学习理论与法学实践教学的关系

（一）建构主义学习理论贯穿法学实践教学过程

建构主义学习理论认为，学习总是与一定的社会文化背景相联系，实际的情景可以让学习者利用已有的经验积累和知识基础去检索与同化当前学习到的新知识，对新、旧知识产生新的认识；如果原有经验不能同化新知识，则要引起顺应的过程，即对原有认知结构进行改造与重组。通过同化与顺应的过程，学习者才能达到对新知识的意义建构。

我国法学实践教学过程主要包括法学实践知识教学、法学实践观摩教学、法学实践模拟教学和法学实践参与教学。法学实践知识教学主要是对学生基础知识的教学，重点在于法律运行理论与实践的答疑解惑；法学实践观摩教学就是带领学生去法院旁听审判，使学生获得对司法现场的感性认知；法学模拟教学是对有关真实情景的模拟，让学生参与其中，体会法律程序和法律智慧；法学实践参与教学是安排学生进入法律实务部门，协助法官、律师或检察官等办理真实的案件。这几个教学逐层递进，共同构成我国法学实践教学过程。在法学实践教学过程中，建构主义学习理论一直贯穿其中，要求学生张扬个性、充分发挥学习的主体性意识，完成意义建构。学习者学习的过程是学习者原有知识结构在学习环境中与客体相互作用，不断进行意义建构的过程。

（二）建构主义学习理论应用于法学实践教学内容

建构主义学习理论认为，通过同化与顺应，学习者才能达到对新知识的意义建构。意义建构的关键在于：解构旧知识，即对原有的知识结构进行整理分析的过程；建构新知识，学习者在具体的学习情境中，在原有的知识结构基础上，通过个人加工，将新的知识与原有知识进行分化、整合，形成新的认识。建构主义学习理论认为，对教学内容的把握需要通过解构与建构来完成，必须打破原有的封闭结构，将原有系统瓦解后，让各因素与外在因素重新自由结合，形成一种具有开放扩展特征的知识增长系统。

在法学实践教学中，教师通常以分组形式将学生分配至实践教学场所，使学生在特定的情境下进行自主学习，完成知识的解构与建构。首先，学生每天面对的并不是法学教材中的知识体系，而是一个个具体的人、法律关系和问题，以前在脑海中存储的经验知识瞬间无用了，必须去接触新的信息和符号，这必然冲击到其原有的解码系统，这是解构的过程。其次，学生实习是要完成工作任务的，在解构自身知识原有系统的同时，面临着新符号和编码的进入，他们必须解答原有系统崩溃的原因才能合理地接纳新编码，并在重组编码和重新阐释的基础上最终提出解决问题的方案。学生在提出问题并小心求证的过程中，自身原有知识系统的各要素被分化、重组，教材中的法学理论、法律条文中的法律规则与社会现实在学生自身的主体意识中重新建立了一种链接，这就是新知识的出现。

（三）建构主义学习理论实施于法学实践教学方法

建构主义学习理论认为，学习者是教师教学指导的中心，教学的目的是让学习者建构自己的知识，学习者是建构知识的主体，是价值世界和经验世界的建构者。在教学过程中，教师并不占有主体地位，教师主要是辅助作用。与传统的教学模式相比，建构主义学习理论中的教师与学习者地位、教师作用、教学方法都发生了较大变化，更加强调在尊重学习者主体性的前提下，促进学习者个体知识的形成。学生与周围环境的交互作用对学习内容的理解起着重要作用，学生在教师组织和引导下参与讨论与交流，建立起学习群体并成为其中的一员。在这样的群体中，知识和思维通过协作的方式进行共享，学习者通过协商、辩论和讨论，在个体和群体的意义上都实现了对所学知识的意义建构。

在法学专业实践教学期间，学生根据指导教师的要求，依托社会实践基地、模拟法庭、法律诊所等实践教学平台，通过对具体法律事务的参与，在潜移默化之中将所学知识在实践中进行检验、扬弃和重组，提高自身适应社会现实的法学素养和能力。法学实践教学方法的运用，实质就是以建构主义理论为基础展开的，即学习者是根据自己的经验、思维逐渐建构知识，学习者个体直接参与而不是被动接受，学习活动是学习者根据个体的学习、积累、推论、反思等一系列具体实践活动而形成的，教师只是观察者、协助者、启发者和促进者。显而易见，建构主义的意义建构自始至终都强调主观与客观的结合，即个人经验及原有认知结构与事物性质及事物之间内在联系的结合，建构主义学习理论的内核和精神在法学实践教学方法中得以全面应用。

三、建构主义学习理论与法学实践教学体系的建设

（一）法学实践教学体系的系统化建设

建构主义学习理论要求学习者自己去构建完善知识以及专业理论，而且最终形成完整的理论体系。从系统化的角度来看，建构主义学习理论给法学实践教学提出了三点要求：

第一，从宏观层面来看，建构主义学习理论要求法学实践教学形成明确的知识系统与框架，将孤立、分散的实践教学环节联系起来，使各实践教学环节既具有相对独立性，又相互支撑，实现各实践教学环节的和谐共生。

第二，从中观层面来看，建构主义学习理论要求按照系统知识的指导，形成以宪法为核心、以各个部门法为主要支撑、以实然法为主要目的、以程序法为主要手段的法学体系，在实践、应用和观察中逐渐形成对法学理论系统的理解与感悟，并且将理解转化为对知识的补充与延伸，从而最终构建起完整的知识体系。学生只有通过这种方式才能够对知识进行科学、完整的消化吸收，实现知识体系的完整与系统的构建。

最后，从微观层面来看，实践教学是对实体法与程序法、应然法与实然法等在实际操作中进行应用。例如，通过刑事法庭或民事法庭等某一类型法庭的学习，在原先理论学习的基础上，将知识系统化、完善化，而不是盲目进行实践学习。

（二）法学实践教学体系的层次化建设

建构主义学习理论最为重要的要求就是循序渐进地接受知识，在积累与更新过程中不断完善知识，在发展过程中形成对某项知识与事物的理解。以层次化的角度来分析，建构主义学习理论要求法学实践教学要遵循规律，注重知识、实践传授的层次性，让学生在实践学习中经历由浅入深、从低到高的过程，循序渐进、最大限度地实现法学实践教学的作用。

从法学实践教学体系的构成形式来看，建构主义学习理论要求对实践教学环节在不同层次上进行合理分布。教师可将对自主学习能力要求低的实践教学环节设于较低年级，如模拟法庭和实践基地教学，通过案例材料或实习选题引导学生进行学习；将对自主学习能力要求高的实践教学环节设于高年级，如法学实验室和法律诊所，以充分发挥学生的主观能动性。通过构建层次分明的实践教学体系，学生可以在学习、实践过程中逐步获取和完善知识，形成合理的法学专业知识体系。

从法学实践教学体系的内容来看，建构主义学习理论要求实践教学循序渐进地展开，构建起从法理学、法制史等理论法学到宪法，再到刑法或民法等各大部门法的多层次法学专业知识体系。如果没有科学合理的理论指导，学生在实践教学过程中难免会出现理解上的混乱，让学生产生心理上的挫败感，进而难以真正构建层次分明的知识体系。

从法学实践教学体系的运行过程来看，建构主义学习理论指导下的实践教学，强调在实践过程中反复构建知识框架，不断补充与扩展新知识，这个过程本身也是层次化的。首先，学生在课堂教学过程中建立的对法学知识的初步认识，大多是较为宏观与理论的；其次，在这些理论的指导之下，学生在课后自主学习中扩展新知识；再次，经过实践教学发现理论与实践的差异，对理论或实践进行修正；最后，学生在头脑中形成层次分明、主次清楚的法学理论与实践的知识体系。

（三）法学实践教学体系的特色化建设

建构主义学习理论提倡情境性教学，即教学应使学习在与现实情境类似的情境中发生，以解决学生在现实生活中遇到的问题为目标。

从实践教学体系的整体情境来看，建构主义学习理论要求学习内容是真实性任务，教师不应对其进行过度处理，使其成为远离现实的问题情境。由于具体问题往往与多个概念理论相关，有学者主张弱化学科界限，强调学科间的交叉。法学本科实践教学体系建设，应根据学生在不同学习阶段对行业特色、学科特色的认知与需求，安排有特色的实践教学内容。

从实践教学体系的个体情境来看，建构主义学习理论要求以学生为中心，重视学生主体之间的差异性。每个学生在实践教学过程中遇到的问题既有相同的也有不同的，即使遇到相同的问题，学生也会因个人理解而存在差异，导致最终解决问题的方式方法不尽相同，这也使得实践教学体系的运作在个体之间存在差异，表现出明显的特色化。此外，法学专业知识体系对于学生主体而言也是独一无二的。对该体系的把握与理解，除去学生本身，其他人无法进入。因此建构主义学习理论指导下的实践教学体系在结果上表现出明显的特色化。

第二节　法学实践教学的
功能与目标

一、法学实践教学的功能

（一）道德教化功能

法学作为一门特殊的学科，在教学方面更加强调对学生道德素质的培养，而法学的实践教学，更重视道德教化功能。一个人无论从事哪个行业，都要具备一定的职业道德素质与职业操守，而对于将要从事法律工作的法学专业的学生来说，除了要具备过硬的专业知识技能，还要具有一定的职业操守和职业责任感，以积极维护当事人的合法权益和社会的公平正义。当出现社会纠纷时，在非诉讼的调解机制不能化解的情况下，以诉讼程序解决纠纷避免社会冲突的发生无疑是最佳途径。如果诉讼过程中的各个法律参与者都缺乏职业道德，那么整个社会就会进入一种无序状态，通过司法手段化解社会纠纷也就难以实现。当前在我国从事法律工作的人员包括法官、检察官、公安人员、律师等，他们中的一些人可能仅接受过一定的法学方面的教育，并没有取得法律执业资格证书，更有甚者没有接受过相应的法学专业教育，仅依靠在该领域较长时间的工作经历等来处理一些法律方面的事务，这就导致法律从业人员的素质良莠不齐。学生时代正是一个人世界观和价值观形成的关键时期，如果能在法律专业学生的培养过程中设置实践教育环节，让学生在学习过程中能够接触到具体的案件，通过实践活动去体会法官、检察官、律师、当事人等不同的角色，激发他们维护社会公平正义、化解纠纷的决心，使他们具备一定的职业道德素质与职业操守，那么我国法律界所面临的部分从业人员道德素质不高的困境便可以得到很好的解决。总之，长远来看，法学实践教育的道德教化功能对于提升法学人才的道德素质是非常重要的。

（二）转化功能

实践是检验理论的唯一途径，但同时理论对实践活动又具有能动的反作用，法学教育亦是如此。法学的理论教育与法学的实践教育是相互依存、相辅相成的，法学的理论教育是法学实践教育的前提，一个人只有拥有大量、充足的理论知识积累，才能在实践活动中做到有的放矢。相较于具体的自然科学，学生对抽象的理论知识的理解更加困难。通过具体的实践活动，学生往往能深入理解所学理论知识，能更好地将学到的理论知识转化为解决实际问题的能力。

在现实生活中，法律从业人员接触到的事务要比书本上的内容更加复杂，格式化的思维方式难以适应生活中千变万化的法律事务，这也对法律工作者的灵活性和创造性提出更高的要求。通过实践教育，学生可以将学到的理论知识运用在具体的事件中，将所学的理论知识转化为自身的业务能力，提高自己的法律素质。在模拟庭审的过程中，假如学生作为被告方的辩护人，就需要与原告及其代理人进行答辩、举证质证、辩论等。在这一过程中，学生必须运用所学的专业理论知识，同时考虑案件的具体情况，这不仅使学生从不同方面、角度进行思考，也促使学生将学到的知识转化为解决实际问题的能力。

（三）调整功能

法学实践教育，更关注学生作为主体在实践活动中的作用，强调师生之间的平等地位，将对学生的技能训练摆在首要位置，及时对传统的教学模式、教学方法、教学体系进行调整。虽然，法学实践教育当前在这方面还没有取得较为突出的成就，但相信通过不断变革，最终将会体现独特的价值。

二、法学实践教学的目标

法学实践教学的目标主要分为以下三个层次：

第一，让学生具备运用法律思维去思考的能力和习惯。法学实践的最终目的是要将成果运用到实际工作中，这时考验的不仅仅是学生的专业技能，还有他们的思维方式。因此，让学生像法律人一样去思考，尤其是批判性思维，对于他们将来处理复杂的法律事务来说至关重要，这也是他们必须具备的素质。

第二，使学生进行专业的技能训练，接受实践的磨炼。在法律事务中，有许多专业技能如会见、咨询、谈判、起草法律文件等都是需要经过专门的训练才能达到实践要求的。就像要成为一名优秀的医生，只学习理论是远远不够的，还要在与病人的接触过程中不断揣摩研究，以实现实践技能方面的质的进步，法律的实践也是这样，需要不断的历练。

第三，使学生明确法律人的职业道德伦理与职业操守。法律工作作为一项特殊的行业，它是一份需要包含着某种价值判断与情感认同的神圣工作，需要法律人为实现社会公平公正，承担相应的责任。因此，培养具有良知与责任感的法律人是至关重要的。

第三节　法学实践教学的
模式与形式

一、法学实践教学的模式

法学人才培养模式是指在现代教育理论的指导下，按照特定的培养目标，以相对稳定的教学内容和课程体系、管理制度和评估方式，实施法学人才教育过程的总和。法学实践教学属于法学人才培养中的一个重要环节，是宏观的法学人才培养模式的分支。因此，高校构建契合自身实际的法学实践教学模式是很有必要的。

其中，目标的确立是人才培养模式的设计基础，因为法学人才的培养必须将培养目标与培养方式联系起来，并进行合理安排。目前，我国高校应当把应用型、复合型法学人才的培养作为法学实践教学的科学目标，在此目标指引之下，将学术教育和职业教育结合起来，从已有法学人才培养模式中汲取经验和智慧，学习、借鉴、吸取国外法学人才培养的先进成果，在宏观上为法学实践教学创建一套科学可行的体系。

（一）嵌入式＋集中式的实践教学模式

对于法学本科教育，4 年的时间里既要完成知识的教育、素质的培养，也要完成能力的锻炼，这样的要求使得 4 年的时间不够用，无法完全满足分阶段培养学生能力的要求。就目前而言，我们尚未探索出超越"3＋1"人才培养模式的方法，所以只得在原有"3＋1"模式上进行完善、改革。笔者认为，与其过分强调"1"的作用，还不如将目光转向更大的基数"3"，逐步构建嵌入式实践教学体系，以期为"1"的职业教育打下扎实的基础，再以"1"来进一步提高学生的理论素养和实践能力。

1.在"3"里加大嵌入式实践教学的比例

嵌入式实践教学体系的切入点在"3＋1"模式的基数"3"上。所谓嵌入式实践教学体系，概括而言是指在本科前3年的学习阶段穿插实践教学环节，使得3年学习中实践不断线，在这段时间内完成专业认知型实践教学和应用技能型实践教学，为学生第4年的综合应用和理论研究实践打下坚实的基础。

这样，嵌入式实践教学加上专业理论教学，使得法学专业学生的知识要素和能力要素都达到了一定的高度，更有机会成为高素质法学人才。

2.在"1"中重构集中式实践教学的任务

根据对"1"的重新理解，"1"不仅仅指最后1年，其更深的含义是一种集中式的锻炼和培养，"1"要完成的目标是认知型实践和能力型实践的综合，即认识到再认识的提升与飞跃。在"3＋1"的传统模式下，"1"表示在最后的1年里学生可以有机会接触法律实践，在实践中完成法学实践认知的任务，而无法进一步完成法律的综合运用任务和以行促知的理论提升任务。

而在重新审视的嵌入式＋集中式的实践教学模式中，我们必须重新审视集中式实践教学的任务。在嵌入式阶段，学生已完成了法学基本理论的学习、相关专业的粗浅认知、法学实践的认知和法学专业知识的基本运用，基本具有了法学人才需具备的素养。

（二）嵌入式＋集中式的实践教学模式建设

1.科学的教学计划设置

在教学计划中，各课程的教学安排必须科学合理，有效协调理论课程和实践课程，形成完整的、连续的法学人才能力培养架构。

（1）注意课程设置的协调性。连续性、完整性和协调性是教学计划、课程设置的原则要求，最大限度地实现该要求才能最大限度地发挥嵌入式实践教学的效果。

（2）注意实践课程的创新性。当前，实践教学课程的设置多局限于实体法案例教学或者实体与程序相结合的双师教学，这些课程通常有助于学生对所学理论知识的认知，也可在一定程度上达到提高学生法律运用技能的效果。

（3）注意实践教学计划的时间性问题。实践锻炼或实训环节不应以牺牲理论教学为代价，应当合理运用课下时间或假期时间。

2.规范的实践教学管理

无论是对嵌入式还是集中式实践教学而言，制度的规范化管理都是其不可或缺的外在监督和内在激励措施。全面的实践教学监管有助于及时总结实践教学过程中的经验教训，以外力提高师生对实践教学的重视程度；科学的实践教学激励有助于激发教师参与实践教学的热情，使教师以兴趣为出发点，更好地践行实践教学的宗旨。

二、法学实践教学的形式

（一）案例教学法

案例教学法起源于 20 世纪 20 年代，由美国哈佛商学院所倡导，当时是采取一种很独特的案例形式的教学，这些案例都是来自商业管理的真实情境或事件，透过此种方式，有助于培养和发展学生主动参与课堂讨论，实施之后，颇具绩效。案例教学法是一种以案例为基础的教学法，本质上是提出一种教育的两难情境，没有特定的解决之道，而教师于教学中扮演着设计者和激励者的角色，鼓励学生积极参与讨论。

案例教学法的运用往往可以体现为两种方式：一种是穿插在理论教学中的实训环节，另一种是单独开设疑难案例教学课程。在课程讲授中穿插运用案例教学法可以促进学生对所学知识的有效吸收，也有助于教师活跃课堂气氛，激发学生学习的积极性和主动性。

单独开设的案例教学课程则更多地表现为一种锻炼学生综合运用能力的过程，如程序法与实体法的结合考虑，各部门法在诉讼中的选择与适用，甚至案件争议焦点的总结等。

综上可知，案例教学法除了可以提升学生对知识点的认知以外，还可以在无形中锻炼学生的法律人思维和法律人视角，可以让学生逐渐在纷繁的实际情境中养成自觉的法律评价习惯和权利观念。

（二）庭审观摩法

法学教育的庭审观摩，为配合讲课内容，教师一般会有针对性地选择法院审理的案件，组织学生进行旁听。这种方式尤其对程序法课程的学习十分重要，随机旁听的案件可以不够典型，但可以帮助学生揭开庭审的神秘面纱，帮助学生深入了解庭审的全部程序。通过庭审观摩法，学生可以对司法程序形成初步的印象，这在一定程度上缓解了程序课程的枯燥性。

庭审观摩教学的特点如下：

第一，直观性。观摩是一个可感的、直观的过程，这个过程对促进学生法学知识的记忆有着其他方式所无法比拟的优势。如果说记忆的规律是识记、保持、再认、回忆和遗忘，那么识记是指对学习材料进行编码、组织并储存在记忆系统中；保持则是指将学习过的事物在脑中保留一定时间；再认和回忆是对记忆的信息加以提取的形式，再认是指当感知过的事物重新出现在眼前时能够识别出来，回忆是指已感知过的事物不在眼前时仍然重新回想起来。而视觉和听觉相结合的庭审观摩会对事物的回忆和再认起到不小的刺激作用，进而达到以观摩辅助学习的目的。

第二，真实和丰富。学生在法庭观摩到的情景是真实且丰富的，任何理性的解释在形象的直觉感悟面前都会显得简单、枯燥和拙劣，庭审给学生展示的是一个个丰富生动而又真实的社会形象，这对促进学生的社会认知起到了十分重要的作用。

第三，生长性和教育性。法庭是一个充斥着丰富的法治符号和社会真实的综合场所，在这里学生可以发现很多课本上没有的知识；社会是学生的另一个课堂，法庭上上演的一幕幕是同学们汲取经验和教训的重要渠道。对于教师和学生而言，这是一种自我成长；对于法律自身而言，这也是法律的一般预防作用和教育作用的体现。

第四，成本低，便于操作。公开审判的案件均接受群众的旁听，所以观摩庭审成本低，且便于操作。

（三）研讨课教学模式

在美国某些高校法学院的教学计划中，研讨课是与讲授课并列的一种课程形式，而非单纯的教学方法。在法学本科阶段，研讨课已经相当普及，诸如公司法等许多课程均在讲授课之外安排研讨课；在研究生阶段，研讨课所占比例几乎为半数以上，甚至有些课程只设置研讨课。研讨课可以分为适应课程模式和专业课程模式两种。其中，适应课程模式是一种以引导教育为重点，为学生在不同的生活、学习环境中实现过渡提供支持和帮助的课程模式，更加注重师生的互动，注重对学生进行心理疏导，以培养学生的适应能力和协作精神；专业课程模式则是以学术性专题为主，着重在互动讨论中培养学生的研究型思维方法的课程模式，侧重于对专业学术型问题的探讨、专业思维的训练和专业技能的培养。研讨课的主题是非常广泛的，包括主题型话题、具体问题、具体案例等。所以说，研讨课并非理论教学所独有的形式，它既适用于理论教学，也适用于实践教学，是一种综合性的教学模式。

将该教学模式纳入法学实践教学模式的探讨虽不具有独特性，但不得不承认，法学实践教学所追求的深度实践认知和综合实践能力都可以通过研讨教学的形式得以实现，所以在法学专业开展研讨课是很有必要的。笔者认为，若在开展的研讨课程中适当加大具体问题和具体案例内容的比重，有助于实践教学目标的实现。可以说，研讨课程的设置是案例教学法的深层次延展，以一种更专业、更具有针对性的形式对案例教学进行拓展，可以有效提升学生分析问题、解决问题的能力。

（四）模拟法庭

所谓模拟法庭，是指教师组织学生就诉讼的中心环节——开庭审理部分进行模拟和再设计的一种实践性教学方法，扩大其框架则可以归入角色扮演的实践教学方法。模拟法庭由法官、书记员、律师、当事人等角色同台构成，事实上就是一种"在假想环境之下真实的行为"，起初人们将其认定为诉讼程序的教学手段，不要求激昂的诉讼辩论，基本要求仅在于庭审流程的正确、顺畅以及法官庭审驾驭能力的展现，学生所要做的是展示一个正确的庭审流程而已，对于实体并不重点关注。后来，人们有了更进一步的要求，即要求所有的角色扮演者把自己当作案件的当事人，从收集、分析、判断和确认事实，到多角度、多层次分析法律的实际运行和操作，把模拟庭审当作真正的庭审，既考查法官的庭审组织力，也考查原被告的案件分析能力和辩论能力。这是一个综合的模拟和表演场所，所追求的已不再仅仅是程序的正确，也包括了实体辩论的对抗。可以说，这两种样态是模拟法庭的初级模式和高级模式，这样的表述并不会造成模拟法庭本身价值的混乱。笔者认为，模拟法庭所追求的价值样态是在完成程序认知和实践的基础上，尽可能地实现学生在模拟法庭中对实体问题的对抗式辩论，尽可能真实地还原一个庭审从最初收集资料到最终判决的全过程。

模拟法庭不仅在追求目标上存在两个样态，就连实行也有两种：一是学生自发组织，二是课程设置。其中，学生自发组织的模拟法庭有时像兼具表演性质的话剧，有时又像极具文化色彩的辩论竞赛，这些自发组织的活动有些是对实体的侧重，有些是对程序的侧重。学生自发组织的模拟法庭作为学生课外活动的重要组成，为法学实践教学的课外形式增添了不少活力。

（五）课外实践活动

多彩的课外实践活动其实也是进行法学实践教学的重要平台。作为法律职业技能、职业伦理锻炼的辅助手段，课外实践活动一般包括法律咨询活动、法律援助活动、普法宣传活动、社区矫正活动、辩论竞技活动等，这些活动有的可以作为专业实践教学课程的补充，有的可以作为校园文化建设的重要部分。

其中，法律援助活动是法学课内实践教学最为重要的补充形式。我国法律援助工作既是政府保障公民合法权益的应尽职责，也是全社会和法律服务者应该关心的社会公益。所以，在积极设立以司法行政系统为主体的国家法律援助中心的同时，还应努力调动各种形式的社会力量，开展力所能及的法律援助活动。

第四节　法学实践教学的课程

法学实践教学是在我国本科法学教育过程中开展的旨在训练法学专业学生实践技能的教学模式，是与理论教学相互衔接、相互支撑的法学教学体系的一个重要组成部分。目前，法学实践教学坚持实践教学系统化原则、实践教学方法与技能训练目标相匹配原则、技能训练与人格培养相统一原则，具有重要现实意义。

一、法学实践教学的意义及目标

　　法学本科教育应该使学生系统地学习法学理论体系，夯实必备的法学技能基础。建设法治国家、法治政府、法治社会，实现科学立法、严格执法、公正司法、全民守法，离不开一支高素质的法治工作者队伍。高校是法学教育的重要阵地，承担着为法治中国建设提供理论支撑、培养法律人才的职责和使命。建设社会主义法治国家不仅需要高层次法律人才，还需要大量基层法律工作人员；不仅需要实用型、技能型专门人才，还需要创新型、开拓型复合人才。高校应结合自身办学条件、办学基础、办学资源，主动适应经济社会发展需要，科学设置不同层次、不同类型法律人才的培养方案。同时，要积极推进法学与政治学、经济学、管理学、社会学、计算机工程学、网络安全学等学科的融合，创设新型交叉法学学科，以满足经济社会发展对不同层面法学人才的需要。

　　法律职业是一种专业性和实践性很强的社会职业，而在我国，本科阶段的法学教育一直偏理论化。近年来，我国的一些高校尽管也尝试模拟法庭、案例讨论等方式，但受教育体制影响，课堂教学仍停留在解释概念、阐述理论、注释条文等模式上。法学教育的人才培养目标应当是多元的，但无论何种目标，都应当注重对法律规则、法律实践的学习。

　　法律职业道德是指法官、检察官、律师等从事法律职业的人员所应具备的道德规范的总和。为了提前体验法律职业的重要性、理解并发挥法律作用，法学专业学生应该多进行社会实践、认识社会、了解各种案例。此外，高校在加强学生专业实践体验的同时，还应注重对学生法律职业道德意识的培养。

（一）法学实践教学的意义

　　在教学过程中，教学目标起着十分重要的作用。教学活动以教学目标为导向，且始终围绕实现教学目标而进行。法学教学目标的双重性决定了实践教学的必要性。法学实践教学既有助于提高学生分析问题和解决问题的能力，又能活跃学生的思维，强化学生主动学习的意识，弥补传统课堂教学的不足，全面提升学生的专业素质和能力。笔者认为，法学实践教学的意义主要体现在以下四个方面：

第一，实现教育国际化。从社会经济和科学技术发展对人才的需求来看，人才的素质问题逐渐成为人们关注的焦点，而人才素质的核心就是人才的创新意识、创新思维和创新能力。法学教育必须树立国际意识和全球意识，以具有国际竞争力的法学教育来应对经济和法律的全球化，培养具有应变能力和适应能力的高素质人才。

第二，破除传统法学教学方法的弊端。单纯的讲授式教学存在明显的弊端：不利于培养学生的创造性思维，更不利于培养学生运用法律独立分析和解决实际问题的能力。但是，法学实践教学给法学专业学生带来大量接触真实案件的机会，有助于培养学生的法律思维，有助于提高学生运用法律解决实际问题的能力。

第三，培养高素质法学人才。在激烈的社会竞争中，具有竞争力的人才必须具备很强的创新能力、适应能力、分析问题与解决问题的能力。为此，法学教育必须注重对学生分析问题、解决问题能力的培养。教师必须在观念上从以往的经验型向反思型转化，通过实践教学使学生全面认识自己，使学生发现自己的优势和不足，使学生找准努力的方向和目标。

第四，衡量法学教育质量的重要指标。高等教育的生命线便是教学质量，因此如何提高高等教育的教学质量是高校和教师的重要任务之一。提高法学教学质量，培养理论扎实又具备创新能力与实践能力的复合型法学人才，一直是我国法学高等教育孜孜以求的目标。从当代高等教育的人才培养来说，法学课程设置应当满足时代性、实践性、探索性、综合性的要求。

（二）法学实践教学的目标

法学实践教学体系构建必须围绕法学实践教学的目标。我国法学实践教学的目标应当是培养符合社会需求，具备法律职业技能、职业道德和法律信仰的专门性法学人才。

1.培养法律的职业技能

法律职业的特殊性要求法律人士在面对不同的人和案件时，必须具备一定的应变技能。本科阶段的法学教育应注重培养学生的法律职业技能，以便学生毕业后能尽快适应法律职业的要求。培养法律职业技能应从以下三个方面进行：

（1）培养基础性能力。基础性能力主要包括社会认知能力、人际沟通能力和社会适应能力三种能力。使学生具有一定的社会认知能力是法学实践教学最基本的教学目标，也是培养人际沟通能力和社会适应能力的前提和基础。作为法律人，应当有一定的生活经验、社会阅历以及对社会现象的感知力、适应力和理解力。因此，教师应鼓励学生与社会接触，了解社会、认知社会，实现基本教学目标。在此基础上，教师还应培养学生的人际沟通能力，使学生善于使用社会群体语言与社会成员沟通，使学生能正确认识自己，知道如何恰当展示自己。同时，还要使学生具有较强的社会适应能力。社会适应能力是指人为了在社会更好生存而进行的心理上、生理上以及行为上的各种适应性的改变，与社会达到和谐状态的一种执行适应能力。使学生具有一定的社会认知能力、人际沟通能力和社会适应能力需要通过法学整体实践教学来实现。

（2）培养应用能力和基本操作技能。法学专业学生的应用能力是指能准确、适当、熟练地将法律运用于解决社会问题，在法律的应用过程中善于发现问题，运用法律思维观察、分析问题，最终以法律手段解决问题的能力。法学专业学生的基本操作技能主要包括语言表达能力、掌握和运用信息的能力、推理能力与论证能力。语言表达能力是指学生应当具备准确掌握法律术语，以口头或文字语言的方式与他人交流，表达自己对特定事实或问题的看法的能力。语言是律师的职业工具，语言表达能力是法学专业学生的重要技能。除此之外，学生还应当掌握运用现代办公设备的技能，获取信息的技能，以及严密的推理能力和严谨的论证能力。推理能力和论证能力也是法律职业者的基本技能。该目标主要通过各类实践教学环节来实现。

（3）培养拓展性能力。拓展性能力在法学专业中主要指创新能力。创新能力是参与全球化人才竞争的重要砝码，也是法律工作者必备的能力之一。因此，培养学生的创新能力，也是法学实践教学的重要目标之一。要想使法学专业学生具有一定的创新能力，首先要使学生具有一定的基础能力。这要求教师在日常教学中拓宽学生的视野，对其进行拓展性引导，让学生在实践课程中广泛接触典型案件或有争议的案件，以培养其独立思考能力和创新能力。

2.培育法律的职业道德

法律职业道德是基于法律职业的特殊性而演化出来的严格且详细和具体的职业规则。虽然这些规则不是由国家强制力保证实施的，却是由职业团体强制实行的。法律职业道德关注的是法律职业者应该如何从事社会的法律事务，它不仅要关注职业道德之于法律职业的意义，还要关注法律职业行为对错、好坏的标准，以及判断法律职业行为正当与否的标准，并合理解决法律职业领域的道德冲突。只有法律知识，不能算作法律人才，法律人才一定要于法律学问之外，再具有高尚的法律道德。可见，具有法律职业道德修养是从事法律职业的一个不可或缺的因素。较高的法律道德修养，是法律职业者在实际工作中维护法律的尊严和价值的根本保证。立法者如果欠缺法律道德修养，那么所立之法难免会偏袒部分利益群体而背离广大人民的利益；执法者如果欠缺法律道德修养，就会在执行法律的过程中滥用职权，危害正常社会秩序；司法者如果欠缺法律道德修养，就更难以保持中立与公正。因此，培养法律职业道德，提高法律职业素养是法学实践教学追求的首要目标。

法律职业道德的培育，应从态度或情感教学入手。完善实践课程体系和教学方法，同时将讲授法、渗透法、案例教学法、示范和角色体验等方法引入法律职业道德教育，为学生创设情感体验场并为学生积累情感经验提供机会。

3.培育法律信仰

法律信仰一般是指人们对于法律的一种尊敬的态度，是自愿接受法律统治的一种信仰姿态。我国分别于 1988 年、1993 年、1999 年、2004 年和 2018 年五次公布了《中华人民共和国宪法修正案》，对《中华人民共和国宪法》进行修改，修改内容涉及序言、总纲、公民基本权利、国家机构、国歌等内容。其中 1999 年的《中华人民共和国宪法修正案》，将依法治国、建设社会主义法治国家写入宪法。只有法治成为全体社会成员的共同信仰、追求和理想目标时，法治才能获得必要的精神支持；只有社会公众积极参与法治建设，法治的理想才会在实践中逐步实现。培育法学专业学生的法律信仰是实现社会主义依法治国方略的需要，是发展社会主义物质文明、政治文明和精神文明的内在要求。法律人对法律有着更深层次的理解和探索，对法治社会的建设有着更为重要的作用，法学专业的学生是未来的法律工作者，他们的法律信仰会对中国的法治建设进程有很大影响。因此，法学教育对法学专业学生法律信仰的培养应当是法学教育的终极性或综合性目标。

二、法学实践教学课程的分类

（一）观摩型课程体系

观摩型课程体系的特征在于使学生处于观察者的位置，通过对法律适用阶段以及与司法实践相关的形象观摩，了解和加深对课堂学习内容的认识，从而获取最为直观的司法感知。观摩型课程体系主要分为单纯认知型观摩（如法院、检察院等司法机关的参观性观摩）和实践效仿型观摩（如庭审观摩等）。单纯认知型观摩适合法学低年级学生，在其刚接触法律专业时，单纯认知型观摩有助于学生直观、全面地认识法律部门的工作模式与工作状态，为其进一步的专业学习提供基本的动力与方向。相较于单纯认知型观摩，实践效仿型观摩侧重于对学生实践能力的培养。而其中最有代表性的莫过于庭审观摩，这是一种相当重要的直观教学方法，学生可以组团到法院现场观摩法院审判活动。庭审观摩尤其适合于刚入校的学生，经过这一过程，新生将会从整体上对法律有一定的感性认识，通过观察现实审判场景，学生不仅可知晓法官现场审判方法，还能从审判流程中获知刑事案件公诉人、证人、律师及当事人等各方诉讼行为，得到一定的实践指导，这也为学生日后运用法律知识、认定法律事实、了解实际运行诉讼程序打下了坚实的基础。

（二）实践知识型课程体系

实践知识型课程体系的特征在于通过讲授和自学，使学生系统地掌握有关司法实践的基本知识。这种课程与一般的实践课程有着本质的区别，这类课程是实践课程的理论基础，其教学手段通过传统的讲授型教学来实现，如法学论坛、法学讲座、司法文书写作等方式。其中，司法文书写作指的是教师通过讲解司法实践中常见的文书写作，教授学生写作方法，说明写作一般常识，帮助学生领会写作艺术，指导其以不同案件作为写作依据，草拟各种文书。法学讲座可以分为一般性的法学讲座与专题类的法学讲座两类。一般性的法学讲座主要是聘请某部门法的专家或者司法从业人员就法律实务中的技巧、方法或常见问题进行讲解，以帮助学生更好地认识司法实践；专题类的法学讲座主要是指针对某一具体的法律问题进行有针对性的讲座，这种讲座的前沿性与专业性往往更强。法学论坛是以学生为主体的一种讨论活动。

（三）模拟体验型课程体系

模拟体验是指在教学中教师积极创设各种情境，引导学生由被动到主动、由依赖到自主、由接受性到创造性地对教学情境进行体验，达到促进学生主动、充分、自由学习的目的。

学生可通过证据试验、疑案辩论、模拟审判等方式，接触对各类法律实务活动，更加全面地认识司法实践，这便是模拟体验型课程体系的基本特征。为将课堂所学法律理论与司法实践相结合，教师应精选典型案例为依据，在模拟审判中正确引导学生，使学生通过扮演当事人、证人、书记员、律师、检察官及法官等角色参与案件模拟审理。疑案辩论是案例教学法的一种体现，案例教学实施的特点就是通过真实案例来激发学生学习法律的热情，提高学生运用法律的能力。疑案辩论是一种综合性训练方式，学生在该辩论中以案件既定的情节为主，基于法律规定展开一系列的训练，如阐述论证法理、分析法律适用、提炼争议焦点、判断案件性质、认定案件事实等。通过这种模拟个案的实践教学，能提高学生表达能力，培养学生发现及分析问题的能力。证据试验是认识一般规律性证据的过程，主要通过分析、提取及应用实验仪器对笔迹鉴定、痕迹检验书证、物证等完成试验。

（四）直接参与型课程体系

直接参与型课程能够使学生对法律专业知识的运用有着更为直接、客观的认识和体会。这种课程将学生置身于一种完全真实的情境中，使学生运用其所学的专业知识和自己的综合素质，来面对实际发生的法律问题，并与真实的人员和机构进行交往。这种参与是对学生的专业知识、应用能力和人际交往能力的综合训练，主要有司法见习、专业实习、法律咨询、法律援助等方式。

第一，司法见习。司法见习指的是学生到国家机关或社会组织，从事为期较短的司法实务工作的一种课程形式。司法见习的最大优势在于能够让学生在短时间内对部门法的具体适用有一个概括性的认识。

第二，专业实习。专业实习指的是利用一段较长的正式教学时间，安排学生到司法部门或律师事务所等地从事一定的法律相关工作，由实习单位和学校共同评定学生成绩的实践性课程。专业实习能够使学生对更为完整的法学实践过程有一定了解。

第三，法律咨询。法律咨询是指组织学生到学校、社区等公共场所或法律援助机构进行法律宣传并现场回答群众咨询的一种实践性活动。法律咨询既可以训练学生的应变能力，还可以提高学生运用法律知识解决问题的能力，还可以提升学生用专业知识为社会大众服务的意识。

第四，法律援助。法律援助是特殊形式的法律咨询，在实践中，法学院通常将此与志愿者活动相结合，为特定的群众群体提供义务的法律援助。

（五）思考研究型课程体系

思考研究型课程主要通过学年论文、毕业论文等形式来实现学生理论水平和研究能力的提高。单纯的实践课程并不能够完全提升学生的实践运用能力，学生只有在实践之后再进行理论学习和总结，才能够获得科学、合理的知识体系。在法学专业的学习过程中，学生不仅需要单纯的吸入式学习，还需要拓展性和深入性学习，这种更深层次的学习模式需要通过思考类的课程来实现。学年论文是学生在教师的指导下，通过查阅资料，结合实践体验选择自己感兴趣的议题，撰写学术小论文，并将其作为课程成绩一部分的实践教学活动。毕业论文是法学专业本科教育的实践教学环节之一，是培养学生综合运用专业知识分析和解决问题的能力，是检验学生学习效果和理论研究水平的重要手段。毕业论文作为本科阶段学术最高成果，具有成果的理论性、导师指导的延续性、评价标准的高位性、适当的创新性等特点。

三、法学实践教学课程的参与主体

（一）高校

高校作为法学实践教学课程的宏观指导者，虽然并不直接参与实践课程，但是作为实践课程的承载主体，必须为法学实践教学课程的开设创造以下两个条件。

1.建立实践基地

实践基地是实践教学的基础性条件，任何实践教学都需要实践基地。实践教学基地建设是实践教学的重要支撑，是理论课教学的延伸，是促进产、学、研结合，加强学校和社会联系，利用社会力量和资源联合办学的重要举措，是确保实践教学质量，增强学生实践能力、创新能力的重要手段。建设高质量的实践教学基地直接关系到实践教学质量，是培养复合型应用人才的必备条件。

2.制定实践教学管理制度

法学实践教学具有开放性、互动性、分散性、自主性等特点，如果要合理有序地进行，必须要有一套规范的操作体系。因此，制定实践教学管理制度是很有必要的。高校应当针对实践教学的各个环节，进行规章制度的建设，使得法学实践教学有规章制度的保障。同时，高校还应结合不断变化的社会需求，及时调整实践教学的目标，保证实践教学与时俱进，与时代接轨。

（二）校内指导教师

在任何教学活动中，教师都起着导向性作用，但是在不同的教学种类中，教师的地位存在差异。在理论教学中，教师的作用是主导性和主体性的；但是在实践教学中，由于强调学生的主体性与自主性，教师的主导性作用应当适当弱化，应当从传统的主导性参与者转变为引导性参与者。在传统教学模式中，实践教学是教师掌控下的教学过程，教师在法学教学的组织与实施过程中，始终处于方案设计、组织辅导、参与评估的主要角色，学生处于被动的客体位置，被动地接受教师组织实施的实践教学活动。随着实践教学的不断发展，教师应当发挥方向指导、管理服务等职能，指导学生根据自己的专业特点、学科背景、性格特征等自主创设教学情景与形式，充分发挥学生的主观能动性，使学生成为实践教学活动的主体。但是由于实践教学的特殊性，教师需要具备两个方面的条件：一是理论的充实性。实践必须在理论的指导下进行，充足的理论知识能使得实践具有较强的针对性与前沿性。二是实践经历的丰富性。这是实践教学对教师的特殊性要求，法学实践教学课程需要"双师型"的教师，教师必须具备一定的实践经验，能够合理、熟练地运用法律，这是从事实践教学的必备条件之一。

（三）实践部门的指导教师

在英美国家，法学教授、法官和律师之间有良性的职业流通渠道，从事律师多年后可以担任法学教授，法学教授也可以晋升为大法官。实践部门的工作人员具有丰富的实践经验，能够根据自身的行业特点对学生做具有针对性的指导。就实践课程的内容来看，每个不同的实践课程需要不同类型的实践指导教师，这需要高校以及专职教师根据课程特点来进行有计划的调配，以实现最佳的教学效果。除了高校指导教师之外，法学实践往往以课内课外结合的形式进行，这就对教师的多元化提出了相应的要求，除了要有校内的指导教师，还应当有富有经验的法官、检察官和律师以及其他从事法律实践工作的人员担任实践教学的指导教师。除此之外，高校也可以从法律实践部门聘请高素质、经验丰富的专业人员担任专职、兼职教师。

（四）学生

实践课程中学生的主体地位是指学生在整个教学过程中居于核心地位。由于法学实践教学课程的方式已经发生了较为明显的转变，法学实践教学课程的种类也开始不断丰富。实践课程主要以集中实践与分散实践相结合、课内实践与课外实践相结合、平时实践与假期实践相结合、专业实践与思想政治理论课相结合、全体实践与重点实践相结合的方式来实现。不同形式的实践教学课程决定了教师无法主导整个实践过程，很多实践课程必须依靠学生自主完成。因此，明确学生的主体地位是保证法学实践教学顺利实施的重要前提。学生在这个过程中的主体地位主要体现在两个方面：一是实践行为的独立性。学生在教师的指导下，独立完成实践行为，这种独立性既体现在行为上，也体现在思维方式上，学生必须结合自身的需求来制定具体的实践方案，以保证方案的可行性。二是实践模式的自主性。学生在实践教学要求的指引下，可以根据自己的兴趣、专业方向来选择实践课程的具体模式和具体内容。

法学实践教学课程是一个多主体参与的课程，需要多个主体的统一协调才能顺利进行。

四、法学实践教学课程的设置原则与考核

（一）法学实践教学课程的设置原则

法学实践教学课程的设置一方面要考虑教学的实效性，另一方面也要考虑课程设置的可行性及效果。法学实践教学课程的设置原则如下。

1.科学性

法学实践教学课程的设置应当遵循科学性原则。科学性原则要求在构建法学实践教学课程体系时，不能只停留在具体课程形态上，还要整体考虑法律专

业培养模式。具体而言包括以下两个层面的含义：

（1）全面性。全面性是建立在法律专业的整体教学基础之上的，课程体系的设计要反映与课程相关的所有要素。

（2）系统性。实践性课程体系应当形成一个有机的整体，关注体系中各部分之间的联系。优质教育的产生不是偶然的，它需要周详的计划，以及能确保每位学生有机会达到所修课程的目标的总体结构安排。各门课程之间应当形成一种合力，以实现实践教学的最好效果。需要注意的是，这里的系统性既包括课程体系内的系统性，也包括课程体系外配套制度的系统性。

2.可操作性

可操作性原则要求法学本科实践性课程体系具有实际操作性。实践性课程应当实现课上与课下相结合，课内与课外相结合的目标。增强实践性课程体系的操作性，是保证课程体系质量的手段。各高校的法学专业应当结合本校和本地区的实际情况，在设置课程时，需要保证实践课程的可操作性。

3.多样性与开放性

司法实践的丰富性带来了课程内容的多样性。我国高等教育与祖国共进、与时代同行，不断满足人民群众对高等教育的需求。因此，我国法学实践课程体系也需要根据司法实践的需求不断进行调整。课程形态多样化是确保法学实践教学课程在法学教育中地位的重要因素。从某种程度上来说，法学实践教学课程设置的重要标准是社会的需求。社会的需求是不断变化的，因此法学实践教学课程体系也应是一个开放性的体系。随着社会的不断发展，需要法学人才的行业越来越多，既有传统行业，也有新兴行业，新兴行业对法学人才的需要必然呈现出新的需求。因此，法学实践教学课程应当紧跟社会行业变化，围绕社会各行业对法学人才的需求来开设。各高校还应当根据自身的特点来设置法学实践教学课程，尤其是行业特色突出的专业，应当根据自身的行业特点、行业需求来确定具体的实践课程，将传统的实践课程与特定的行业实践课程相结合，培养具有行业方向性、特色鲜明的专业人才。

（二）法学实践教学课程的考核

1.考核标准的制定

高校应当对学生在实践过程中的表现进行综合性评价，而不应当按照传统考核标准进行单纯的结果考核，实现考核评价从结果导向向过程导向转变。具体的考核标准应当包括以下三方面的内容：

（1）选题的合理性。选题是指学生在法学实践教学课程的学习过程中，能够根据自身的特点，选择适合自己的实践选题，保证选题的可操作性。法学实践教学课程种类多样，每个学生都可以选出一套与自身优势相配套的课程体系。此外，课程体系的选择一定程度上也体现了学生的判断力与决策力。

（2）综合能力的判断。法学实践教学课程通常来说具有一定的时间跨度，在相关考核中，教师不能仅仅根据法学实践教学课程的结果来判断学生专业能力的强弱，而应当根据学生在法学实践教学课程的学习过程中所体现出来的组织、协调、配合等能力，以及对专业知识把握的熟练程度、灵活程度等因素来进行合理评价。

（3）最终成果的鉴定。最终成果应当是指学生在法学实践教学课程学习过程中所总结出来的书面、口头以及其他各种形式的结论性成果。这种成果可以体现学生的学习成果，同时也能体现其在专业学习总结方面的能力。尤其是以具体实践行为作为课程结束方式的法学实践教学课程，这种最终成果的鉴定则显得尤为重要。

2.成绩评定的模式

课程成绩的评定模式应当由课程的性质决定，理论课程与法学实践教学课程在课程性质、课程考查方式上具有很大的区别，其评定应当有着各自独立的模式。法学实践教学课程的成绩评定模式的特点如下：

（1）综合考评。法学实践教学课程并没有统一的评价标准，在开展课程的过程中，务必要以学生实际情况为主，让学生在实践体验中积累法律知识，提高法律素养。考评有多种形式，如学生自评、实践小组评定、实践工作者评定以及教师评定。学生自评是教师评定的重要依据。同时，法学实践教学课程往往是依托小组这一载体进行的，如法学论坛、学术沙龙、法律实务与案例研究、模拟法庭等，可以将学生间的互评作为考核的依据。实践工作者评定是指法官、检察官、律师等参与法学实践教学的人员对参与实践学生的表现所作的评价。

（2）考核方式的多样性。实践内容的丰富性决定了实践形式的多样性。法学实践教学课程可以采用多种形式的综合考核，如实践报告、口试、笔试、现场操作等，以使考评成绩更合理。不同的考核方式注重对学生不同能力的考查。在进行考核时，可选用多种考核方式全面考查学生的能力。

第五节　法学实践教学的
支撑体系构建

实行三个阶段的法学实践教学培养方式，需要有一个比较完整的法学实践体系来支撑，并始终贯彻以法学综合能力、素质培养为目标的思想，坚持以人为本的教学理念，让学生的创新能力和实践能力都得到提升，使实践体系的构建也更加完善、规范和合理。法学本科教育应该以应用型人才培养为指导思想，将教学资源和手段进行综合利用和开发，为法学专业学生构建一个能够完善能力、知识和素质的培养平台。这一法学实践教学体系应该包括：法学实践教学的课程体系、组织体系、师资体系、保障体系、评估体系。

一、构建课程体系

目前的法学实践有一个重要问题亟待解决，那就是理论课时和实践课时的分配非常不合理。要解决这个问题就需要设计模块课程结构，实现弹性学制教育，对实践教学进行改革和完善，以为国家培养创新型人才为目标，分析学生的能力、创新和知识等各个要素，坚持以学生为中心，制定有利于创新型人才培养的教学方案和模式，引导学生进行自我学习。因此，要对教育实践、实习阶段进行统一的安排和协调，确保全日制法学专业学生能够真正接触法律事务，让其将法学知识、理论与实践联系起来。

对法学专业学生进行严格的、系统的职业训练也是法学教育的一个重要任务，尤其是对想从事法律实务工作的学生，要确保这类学生能够熟练掌握法律基础理论知识和实际操作能力，能够妥善处理社会中出现的各种矛盾和冲突。这对以往的教学观念产生了很大冲击，需要调整理论教学和实践教学的时间分配比例，不断改进教学内容和方法。在以实践教学为重点的教学课程体系中，将实践结果纳入学生的学习评估中是很有必要的，这强调了实践的重要性，在一定程度上保障了实践教学活动的质量。

二、构建组织体系

想要实践教学活动得以顺利进行，就必须有一定的组织机构予以保障，否则实践教学活动将形同虚设。实践活动一般分布在多个学期中，耗时较长，而且参与的学生和单位也较多，若缺乏专门的组织机构管理，就难以对学生的实践教学质量进行监督和管理，也不利于实践教学活动落到实处。但若全部依赖行政管理的方式来进行监管也是不合理的，一是对师资力量的耗费大，二是管理成本大。所以就需要有一个合理、适用的实践教学组织机构来进行有效管理，既能保证达到监管效果，又能合理控制管理成本。

首先，设立一个类似于教研机构的组织，以负责实践教学活动的开展和评价，并委任 1 到 3 名教师专门负责实践教学的管理，对实践教学进行规划、督促，并负责统计和安排。此外，该机构还负责和实践教学基地或者实习单位的协商和沟通。

其次，加强对校外实践教学基地的建设，并由基地安排教师带队完成学生实习期间的教育活动。

再次，让学生以志愿者的身份进行法律援助，让学生免费为有需要的人提供法律帮助，并由学生自行管理和组织。在这一过程中，教师只是进行适当的引导。

最后，通过模拟法庭、法律诊所等帮助学生提高实践工作能力。在这一过程中，教师主导，将教学、管理指导进行融合，帮助学生提高运用法律知识解决实际问题的能力。

三、构建师资体系

在法学实践教学中，教师是指导者，教师的综合素质和能力水平往往会影响法学实践教学的效果。除教学外，教师还需完成相应的教研任务、科研任务等，这耗费了教师很大一部分时间、精力，使教师无法全心全意地进行法学理论研究，对法律实践问题的关注度也不够。部分教师实践经验比较缺乏，法律运用能力也不强，无法帮助学生解决实践问题。此外，有些从事法律实务的教师，把大部分的精力放在了实务工作中，对学生法学实践教学课程的重视严重不足。

培养出有实践经验的师资队伍，加强师资力量，具体可以采用请进来、走出去这两个方法。

第一，请进来。利用政策引导，吸收一批水平和能力都较高的教师来进行实践教学活动。法学院可以聘请或者是邀请一些经验丰富的法官或者律师任课或讲座，这样可以更有效地将理论知识教学和实践教学结合起来，因为法官和律师的实践经验都是非常丰富的，可以让学生对法律实践有比较清晰的认知。

第二，走出去。法学院应该为教师参与实践创造条件，既保证教师的教学科研不受侵害，又让教师能更多地参与到法学实践中去，从事案件代理、法律顾问等工作，从而获得更多的实践经验和能力锻炼机会。此外，高校还可以建立实践基地，甚至可以对有参与实践教学意向的教师进行脱产实践培养，提高其法务实践能力。不过在教师参与实践活动时，高校也要注意相关管理。

第六章　法学实践教学的
保障与优化

第一节　法学实践教学的质量监控

一、法学实践教学质量监控的理论分析

（一）哲学理论分析

实践是人类认识世界的基础和来源，也是认识发展的动力和最终目标；实践决定认识，反过来认识对实践也具有指导作用。正确的认识、科学的理论对实践有指导作用，错误的认识、不科学的理论对实践有阻碍作用。社会对法学专业学生抱有的期望需要高校通过实践教学来达到。在实践教学中，法学专业学生应该凭借所掌握的理论知识，结合具体的社会实践活动，通过分析、推理、判断来提高自己综合运用法律知识解决问题的能力，并形成对世界科学、公正、客观的认识，形成正确的世界观、人生观和价值观，形成自己独到的见解，养成遵循客观规律、实事求是的优良作风。

理论与实践的结合是理性认识与感性认识相结合的过程。感性认识与"理性认识"相对，是客观事物直接作用于人的感觉器官在大脑中产生的反映形式。它是认识的初级阶段，包括感觉、知觉和表象等，它的特点是直接性、生动性和具体性。要获得感性认识，必须亲自参加社会实践，直接接触客观事物。理

性认识是认识过程的高级阶段和高级形式，指人们借助抽象思维，在概括整理大量感性材料的基础上达到关于事物的本质、内部联系和事物自身规律的认识。在感性认识的基础上，把所获得的感觉材料，经过思考、分析，进行去粗取精、去伪存真，以及由此及彼、由表及里的整理和改造，形成概念、判断、推理，就是理性认识。理性认识是感性认识的飞跃，它反映事物的全体、本质和内部联系。感性认识和理性认识相互依存、相互渗透、相互转化。感性认识是认识的起点，是理性认识的基础，理性认识依赖于感性认识而存在，这是唯物论在认识论方面的体现；感性认识有待于深化、发展为理性认识，这是辩证理论在认识论方面的体现。感性认识和理性认识相互包含、相互渗透，感性认识渗透着理性认识，即感性认识过程中必须有理论的指导；理性认识中又渗透着感性认识，即理性认识过程中伴随着感性形象的出现。因此，法学专业的学生在实践中既要重视经验的积累，也要重视教师的理论指导，只有把两者有机地结合起来，才能取得最好的学习效果。

（二）教育学理论分析

广义的教育指以影响人的身心发展为直接目的的社会活动，狭义的教育指由专职人员和专门机构进行的学校教育。教育随社会的产生而产生，是个人与社会发展必不可少的手段，为一切社会所必需，又随社会的进步而发展。教育受社会政治、经济、文化等方面的制约，也对社会整体及其诸多方面产生影响。教育还受制于人的身心发展规律。原始社会的教育局限于年青一代，在生产和生活实践中进行。奴隶社会出现独立的教育机构——学校。在阶级社会里，一切统治阶级都利用教育来巩固政权。社会主义社会的教育是建设社会主义和促进人全面发展强有力的工具。现代社会经济和科学技术的高度发展，提出了教育终身化、全民化、信息化的要求，教育在个人和社会发展中的作用日益重要。

教育是一项由人际交往实践构成的极为复杂的活动，是一种相对独立的社会子系统。这个系统包括教育者、教育中介和受教育者三种基本要素。教育学以教育现象为研究对象来揭示教育规律。教育中介要素是教育活动的客体，包括与教育相关的物质性客体和精神性客体。物质性客体指在教育活动过程中的各种物质资源，包括教育的活动场所与设施、教育媒体以及教育辅助手段三大类。教育的活动场所与设施指教室、操场、实验室、综合活动室等及其内部的设备装置。教育媒体是教育活动中教育者与受教育者之间传递信息的工具，如图片、书籍、电子文本等。教育辅助手段是指帮助教育者和受教育者开展教育活动的工具与技术手段，是信息传递时所必需的工具或手段，如计算机等。精神性客体包括教育思想、教育材料、教育手段、教育组织形式，它具有发展人的道德、态度、智慧和综合实践能力等多方面的作用。教育中介要素主要取决于学校的综合管理水平和管理能力，对教育活动起着决定性作用的是物质性客体，但对教育活动质量产生决定性作用的因素依次是教育者、受教育者、教育管理和教育理念。

教学过程是教师教、学生学的双边活动。教学过程是学生的一种特殊认识活动过程，既具有一般性，又具有特殊性。教学过程具有不同于人类总体认识的显著特点：一是间接性，即学生的认识是以间接经验（书本知识）为主；二是简捷性，即学生能在较短的时间里掌握人类积累下来的大量经验；三是制约性，即学生的认识活动还受儿童身心发展特征所制约；四是引导性，指教学过程中学生的认识活动是在教师引导下进行的，学生很难独立完成。教学过程是一种促进学生身心全面发展的过程，教学过程永远都具有教育性，这也体现了教学过程的本质。现代教学理论为实践教学过程的严谨、完善、系统提供理论依据。从教学经验的总结到教学思想的成熟再到教学理论的形成，这是人们对教学实践活动的认识不断探索和逐步完善的过程，其中系统化是教学理论形成的标志特征。

二、法学实践教学质量监控的基本原则

（一）实事求是原则

实事求是原则即根据学生、专业、企业、学校的不同实际情况，将法学实践教学的时间和内容合理地安排在课程实验、实习、实训等环节中，科学地确定实践教学应占总课时的比例，多渠道、多形式地加强与社会的联系，为学生提供机会和创造适宜的实践环境。法学实践教学体系的设置一定程度上也体现了教育思想、办学理念和办学特色，对于巩固理论教学成果、培养学生的创新能力和开发学生的开拓进取精神具有重要作用。高校应根据培养目标和培养方案，结合实际情况，构建自己独特的法学实践教学体系。科学完善的法学实践教学体系不仅要充分体现学校的教育思想、管理理念、办学目标，明确实践教学的内容和方法，也要不断完善管理、评价和反馈体系。

（二）系统原则

当前社会需要高素质人才，法学专业学生要想成为高素质人才，知识、能力和素质三方面缺一不可。法学教育要想适应市场需求，培养高素质人才，就要不断完善理论教学体系、实践教学体系、综合素质教育体系，并将其充分体现在培养方案和教学计划中，落实在培养模式改革和课程体系的改革上。具体而言，要遵循认识规律和教育规律，结合培养人才目标和能力培养的主线，结合专业自身的特点，使实践教学体系中各组成部分相互支持、协调统一，使实践教学活动各组成部分相互依附、相互补充和相互配合；注意实践教学与理论教学的相互渗透；结合理论教学内容和课程体系改革，保证实践教学体系的整体性和高效性，避免孤立、形式化地设置实践教学环节，要切实形成实践教学的有机整体，将其贯穿培养全过程和学习全过程。

　　法学实践教学体系必须突出全程性、服务性和连续性等特点，以培养目标为教学质量管理的总目标，落实到每一个部门、每一门课程和每一位教师上，及时完善工作岗位职责要求，更新专业培养计划和修订教学大纲。要遵循开放的教学理念，践行以学生为本的教育思想，实现全程质量监控、实践全程管理、全面责任到人。制定的培养目标应当具体并具有可操作性，定期检查、诊断、考评，不断调整，不断优化实践教学环节，并注重各实践环节间的内在联系，以期实现系统的整体功能。针对不同的专业，培养方案所要求的技能结构和实践教学体系也应有所区别，要体现出培养特色和培养效果。

（三）规范有序原则

　　规范有序是指系统内部的横向系统中各个要素之间应相对稳定有序，纵向层次之间应动态有序，系统内外环境间应规范有序，这是系统发展稳定、保持动态平衡的必然结果。高校在法学专业学生的培养方案中应该规范法学实践教学的时间、内容，制定出相应的指标体系和考核标准，并努力保证上下级、各部门间的规范有序，保证实践教学工作的平稳运行。

（四）创新原则

　　不同高校应当结合自己的培养目标、专业特点、课程特点，构建自己的法学实践教学体系，以达到突出效果、追求特色、彰显个性的目的，体现创新原则。与公共基础课相对应，法学实践教学培养学生基本的应用素质；与专业基础课相对应，法学实践教学设置针对重要知识点的单项实验与科研，使学生获得专业技能的训练；与专业课相对应，法学实践教学安排专业课实践、模拟训练等，使学生获得专业方向的知识和专业技能。最后，通过毕业实习和毕业设计，强化学生的专业能力、实践动手能力和创新能力。

（五）效率原则

高校培养学生社会实践能力的过程是学生自我完善的过程。通过实践能力的培养，学生将理论知识应用于实际，提高了解决问题的效率，推动了知识价值的实现。

（六）协调原则

1.教师主导与学生主体的教学关系

在传统教与学的关系模式中，教师处于向学生传授知识的主导地位，而学生只是知识的被动接受者。在调整教与学的关系时，教师首先要遵循"学生是教育教学活动的主体"的原则，适时采用启发式教学；然后以学生为中心，传授知识，激发学生的学习主动性。现代社会，学生的知识来源广，不仅局限于教师和教室，还可以从课堂外和网络上获取，因此学生不仅应学会课堂知识，更重要的应该是学会如何多渠道地获取知识。

课堂教学应该是教学过程中最核心的环节，课堂教学的本质是教师根据教学目的和学生身心发展的特点，有计划地传授学生知识。教学是师生双方共同参与的信息双向传递过程，是通过教与学使学生在认知、技能方面发生心理变化及形成自身个性的过程。教学对教师而言是由已知向他知转化的过程，对学生来说是由未知向已知转化的过程。要提高课堂教学效率，必须处理好师生关系，解决教与学的矛盾。教师可通过教学内容的安排与讲解，采用适当的方法，引导学生进行自主性学习和探索性学习，确立学生在教学中的主体地位。

2.通识教育及专业教育的融合关系

通识教育的前身是自由教育。古希腊哲学家亚里士多德认为，人类最高的理想是在现实的基础上，将不完美的现实加以改造，引导它走向完美的理想世界。教育的最终目的是实现人的完善。他提出教育应以"自由学科"为主要内容。高等教育是培养高级专门人才和职业人员的主要社会活动。未来，知识的更迭将更加迅速，社会分工的日益细化要求人要有更加专业的知识，各种复杂的问题需要人们用更加全面的视野来进行分析和解决。因此，实现通识教育与专业教育相融合，成为众多高校推进高等教育高质量发展的自觉选择。高校必须推动通识教育走深走实，坚持育人和育才有机统一，紧紧抓住人文精神、科学精神和中国精神三个着力点，以中国精神统领人文精神与科学精神，高校教育方能使学生博学与精专统一，增强发展后劲，提升人才培养质量。

3.理论教学及实践教学的相辅相成关系

"致天下之治者在人才，成天下之才者在教化，教化之所本者在学校"。高等教育在创新人才的培养和推动社会发展方面意义重大。面对不断变化的社会需求，高校应根据理论教学、实践教学相辅相成的关系，不断优化理论教学，加强法学实践教学，如鼓励学生参加各种司法实践活动，重视校外法律实习基地建设等。

4.课堂内和课堂外的教学关系

课外指学校上课以外的时间。学生的课外时间远远多于课内时间，重视课外学习、处理好课内外的关系对学生创新能力的培养非常关键。当代社会科技飞速发展，学生能根据法学学习的需要，通过互联网，快速查阅法律相关信息。教师的课堂教学虽然兼顾了班集体学生的特点，但不利于学生个性的发展。法律课外实践教学可以拓宽学生的视野，凸显个性的发展，增强学生的社会适应性，使学生学会与人合作，提高学生运用法律知识解决实际问题的能力。

5.结果考核与过程考核的评价关系

学校应该把结果考核和过程考核两者结合起来，对学生的法学实践进行全面、细致的评价和考核。结果考核就是根据法学实践的成果来评定学生的实践课成绩，如社会实践调查报告、社会服务总结、毕业论文等。结果考核的优点是操作简便，可行性强，评价尺度较为完善，能够直接反映大学生的法律素质和水平。结果考核的局限性也很明显，这一考核方式往往难以体现法学实践教学的育人目标。

过程考核则是对学生社会实践全过程的考察和评价，包括社会实践的前期准备、实践过程中的态度以及实践结果等。过程考核侧重于考核大学生在社会实践中的具体表现，避免了单靠一个调查报告或论文来评定学生法学实践教学成绩的简单做法。过程考核的局限性在于考核比较复杂，指标体系不够完善，运作不当同样会导致考核失真。

第二节　法学实践教学的测评机制

一、法学实践教学测评的功能

法学实践教学测评是通过评估影响质量的每一个因素，促进其不断改善，进而保证法学实践教学培养目标的实现。法学实践教学测评是一种非常有效的教学管理手段，具有评估、导向、激励、建设等功能。

（一）评估功能

对于涉及法学实践教学环节的人、物、管理等因素的现状作出比较客观的判断，并及时掌握法学实践教学环节的总体情况，这也是法学实践教学质量评定的显性功能。实践教学质量评定对于法学实践教学的成功与否具有重要的参考价值。

（二）导向功能

在法学实践教学过程中，校方和学生通常通过参照实践教学评定指标体系来进行实践教学，他们的行为往往会因法学实践教学评定指标体系的不同而有所差异。因此，评定指标体系的具体指标及质量要求对法学实践教学的发展具有明显的导向作用。

（三）激励功能

法学实践教学测评对实践教学质量进行了等级区分。这样的质量等级区分和对实践教学的全面评价，可以为法学实践教学营造一个公平、合理的良好竞争环境，从而有利于调动从事法学实践教学的教师、学生和管理人员的积极性。

（四）建设功能

通过测评法学实践教学活动，明确法学实践教学的现状与存在的问题，一方面有利于促进法学实践基地的建设与改革；另一方面也有利于学校有目的、有针对性地加大投入，改善法学实践教学条件，为法学实践教学营造一个良好的环境。

二、法学实践教学测评的原则

（一）科学性原则

科学性原则指法学实践教学质量测评要从全面素质质量观出发，依据学校的定位与实际，依照人才培养的目标要求，科学地制定出法学实践教学质量的测评指标体系。质量评价体系的设计以及测评指标的设定必须符合对象的性质、特点、关系及运动变化的规律。所以，在制定每一项测评指标时，都必须通过科学论证，使得每项指标有科学依据。

（二）系统性原则

法学实践教学质量是通过多方面的情况来综合体现出来的，全面评价法学实践教学质量是一个非常复杂的过程。测评指标体系首先要明确测评目标，然后全面、系统地设计测评指标。法学实践教学质量测评体系作为一个非常庞大、综合的系统，按测评对象可以分为三个层次：第一层次是以学校为对象进行的测评，即对学校的办学定位、实践教学队伍、实践教学条件、实践教学管理队伍和管理制度等各个方面进行宏观测评，是从整体上对学校的实践教学质量与水平进行的测评；第二层次是以学院为评估对象，学院是学校的基本教学单位，要着重测评法学实践教学的过程性目标和阶段性建设目标；第三层次是以法学实践教学具体环节为对象进行教学质量评估，这可以称为法学实践教学质量测评的基础性工作，也是衡量法学实践教学质量的重要依据。

（三）过程性原则

法学实践教学环节是一个动态的过程，是通过法学实践教学活动将教师、学生及管理三方面联系在一起的完整系统。因此，法学实践教学测评应侧重动态过程，从教学的基本规律出发，制定出相应的质量标准对法学实践教学过程进行测评。

（四）有效性原则

法学实践教学质量测评的目的是为学校提供充分、准确和有价值的信息，使学校端正办学方向，调整教学，从而达到提高教学质量的目的。因此，测评活动应该在测评的过程中对法学实践教学工作全过程进行有效的监控。同时，还要使测评结论成为学校制定政策、工作目标的重要依据。在制定各项测评指标时，一定要充分考虑指标的可实施性，指标定义要明确，一、二级指标与主要观测点间要有内在的逻辑联系，评审标准要客观、全面，并符合法学专业实践教学的总体目标。

第三节　法学实践教学的考核体系

考核作为保障高校教学质量的重要手段之一，在教学管理实践中具有不可忽视的导向性作用，考核的结果直接影响着教学的发展以及走向。教学考核是对相关教学活动的一种价值判断，教学考核在一定程度上约束并引导着教师的教学行为，从监管的层面对高校教学活动产生影响。因此，考核会在教育活动中引发一定程度的积极或消极效应。高校作为探究高深学问并且肩负专业人才培养责任的学术性组织，它的教学活动应当具有学术性、专业性、复杂性等特点，但是由于受到政治逻辑以及教育内在逻辑的双重压力，高校教学考核的价值取向较为混乱。法学实践教学考核体系是检验教师的实践教学水平以及学生职业能力培养效果的重要手段，是法学实践教学体系的重要内容。正因为如此，教学考核中的参与者面临着价值混乱困境，这也导致教学考核过程中诸多矛盾冲突不断涌现。

在实践中，由于工具理性和技术理性的渗透，教学考核更多是以高等教育的管理手段出现，而非一种教育行为，因此教育的本真价值受到了一定程度的遮蔽，这也使得教学考核实践中的问题层出不穷。

一、多元化递进式考核体系的基本内容

（一）多元化递进式考核的基本概念

多元化递进式教学考核，是指考核学生学习过程和结果时综合使用两种或两种以上考核方式，在考核方式上不局限于单一的纸笔测验，它囊括了实习考核、档案考核、口头考核等考核内容。法学实践教学考核的最终目标并不是对学生进行排序和甄别，而是促进学生更好的发展，以实现学生的全面发展。单就价值取向而言，多元化递进式教学考核实质上是一种旨在促进学生发展的考核。从多元的视角出发对学生进行考核能够使教学质量考核发挥其诊断、鼓励以及促进学生发展的作用。

（二）多元化递进式考核的基本原则

多元化递进式考核的基本原则如下：

第一，系统性考核原则。系统性考核是指法学实践教学考核体系应当采取系统论的观点以及方法，全方位地考查法学实践教学活动的各方面要素，以有效监控影响法学实践教学质量的各方面因素、教学过程各环节等。

第二，目标性考核原则。目标性考核是指建立法学实践教学考核体系应当紧密围绕培养技术型、应用型人才这一教学活动的总体目标，合理选择考核要素，并组织协调各种教学保障力量，从而有效地达成培养实践人才的目标。

第三，规范性考核原则。规范性考核是指进行法学实践教学考核活动应当克服主观随意性，依照规章制度，使法学实践教学考核工作制度化、标准化、规范化，从而保证法学实践教学工作的规范化运行，并实现法学实践教学质量的不断提高。

第四，持续性考核原则。持续性考核是指要从不断提高法学实践教学质量的发展出发，对法学实践教学进行考核。考虑到制约法学实践教学质量的各方面条件是在不断变化的，故而与之相对应的考核体系也必须不断改进，这样才能够保证法学实践教学质量的不断提高。

第五，可操作性考核原则。法学实践教学考核体系在理论上做到相对完整是比较容易的，但在实践过程中，多元化递进式考核体系遇到的影响因素较多。也正因为如此，多元化递进式考核体系要有较强的可操作性，这样既能够体现考核体系的指导性，又能够适应实际的考核需要。

二、多元化递进式教学考核的价值转变

（一）目标转变

对学生的考核应当从甄别式考核向发展性考核进行转变，一方面要关注学生的学习情况，另一方面要关注学生的学习过程，要做到关注学生的学习水平与学习状态并重。多元化递进式教学考核要能够反映学生的学习成绩和进步，鼓励学生学习，并且能够帮助学生认识到自己在学习方法、思维或习惯上的长处与不足，使学生全面认识自我，树立信心，在不断认识自我的过程中不断提升自己。

（二）角色转变

在以往的教学考核过程中，学生往往是被考核的一方。无论是什么形式的考核，如果没有被考核者的积极参与，考核结果都很难达到预期目标。与时俱进的考核体系主体应该是多元化的，如教师、学生、指导教师、社会人士等。考核可以是教师组织考核、学生与教师进行互动考核，也可以是结合小组互评对小组每个人的考核。多元化递进式教学考核，不仅仅是考核者对被考核者的

单向考核，而且应当注重考核者与被考核者之间的互动。通过多元化递进式教学考核，学生要能看到自己的优点和不足，要能看到自己的潜能和发展方向，要能提高自我调控能力，要能主动学习，要能与同学互帮互助、互相促进；教师要能看到自己教学的优点和不足，扬长避短，不断提高教学质量。

第四节　法学实践教学的优化策略

法学教育是理论教学与实践教学相统一的教学活动。在整个教学体系中，实践教学是独立存在的，又与理论教学相辅相成。法学实践教学旨在通过对实践活动的引导与调控，使学生掌握实践知识、形成实践技能、发展实践能力、提高综合素质。下面，笔者借助递进式法学实践教学论述法学实践教学的优化策略。

一、递进式法学实践教学的内涵

与传统的法学理论教学相比，递进式法学实践教学更注重通过有层次、有阶段、不断深化的模式来引导学生进行法学实践教育，从而达到提高学生法学综合素质的目标。递进式法学实践教学的特点有以下四个。

（一）综合性

递进式法学实践教学的综合性，既表现在教学内容上，又表现在教学的形式上。递进式法学实践教学注重提升学生处置法律实务问题的能力。

在内容上，递进式法学实践教学包括将学术课堂社会化（即将实务案件和实务法律问题融入课堂教学）和社会真实内容的具体实践两个部分。其中，将学术课堂社会化是递进式法学实践教学体系最基础的组成部分，这主要是培养学生对实务案件、实务法律问题背景的分析能力、理论提升能力和理论与实际相结合的基础转换能力。开展社会真实内容的具体实践，旨在让学生对社会真实内容进行认知、感悟乃至升华，从而达到培养目标。

在形式上，递进式法学实践教学也关注学生与经济社会发展相适应的思想观念、学习方法、行为模式和健全人格的培养。

（二）开放性

与传统的法学理论教学相比，递进式法学实践教学突破了时间、空间、人员、教学内容的限制。递进式法学实践教学开放式的教学环境和教学形式使学生无论在课内还是课外所学到的都不再是枯燥的、模式化的理论知识和学说，而是生动活泼、千变万化的社会实际所折射出的法律现象；开放的教学队伍和开放的考核测评体系既能使学生在课堂中通过有层次、有阶段、不断深化的模式学到分析和解决法律案件的实践知识和实践技能，又能在课外将实践知识发展为实践技能，形成处理法律事务的综合能力。对学生而言，这种体验式的开放教学在很大意义上提升了学生的积极性和认同感。

（三）主动性

递进式法学实践教学以学生为中心，学生处于主导地位，教师处于辅助地位。无论在课堂教学还是社会实践教学中，都强调学生主观能动性的积极发挥。鼓励学生将所学所感运用到社会调查报告、科研项目、毕业论文等方面，鼓励学生主动参与和体验社会法律实务，运用、验证所学法学理论知识。在对法律实务问题的实践体验方面，教师并不需要时时刻刻关注学生的具体操作，而主要是给学生以宏观方向的指引。

（四）创造性

递进式法学实践教学也是具有创造性的教学形式。递进式法学实践教学为学生创造了一个丰富多样、独立开放和接地气的教学环境，在具体的社会实践中，学生可以亲身参与、真实体验，通过社会调查、毕业设计、顶岗实习等大量的创造性活动，将课堂中所学的法律基础理论运用于解决现实问题，充分激发学生的创造力，使学生的创造性人格、创造性思维、创造性技能得到了较好的锻炼和培养。

二、法学实践教学体系的优化

在法学实践教学中，唯有制定科学合理的教学目标，坚持用教学目标引领方向，量化教学目标标准，将教学板块的设置、操作与教学目标紧密结合，才能真正实现法学实践教学体系的优化。

（一）法学实践理性指引

法学实践理性在递进式法学实践教学中起着至关重要的作用。递进式法学实践教学体系整体培养目标的构建、目标的实现过程、结果的考核都要在法学实践理性的引导下进行。在法学实践过程中，学生可以通过社会实践提升法学实践理性，一方面，可以引导学生站在客观、理性的"第三人"的角度去审视、思考和分析法律实务案件；另一方面，通过客观、理性的审视，可以在总体上加强法学专业学生对法律的信仰，使其在职业过程中遵循法律职业道德，自觉践行法律人的社会责任。

（二）采用恰当的法学实践策略

法律实务是复杂多样、千变万化的，解决法律实务问题需要培养学生采用恰当的法学实践策略的能力，使得学生在面临纷繁复杂的社会问题时能够做到具体情况具体分析。

首先，培养学生的法律思维能力，引导学生从法律的专业视角去看待社会问题，能够准确地抓住社会问题的症结所在。

然后，帮助学生将法学理论知识、法学实践技能和问题三者融合，从而寻求最优化的法律解决策略。这就是法学实践策略的初步形成过程。

法律实务问题并不是永恒固定的，它会随着时间和空间的迁移而变化，因此，还要求学生学会优化法学实践策略，学会总结、反思，将策略由"个别升华为普遍"，具有一定的法律智慧，形成法律思维方式，以提升实践效率。

（三）凝练法学实践智慧

递进式法学实践教学的最终目标是培养学生运用法学理论高效解决社会法律实务问题，因此将学生在实践过程中获得的信息及宝贵经验提升、凝练成法学实践智慧是非常关键的环节。教育的目标应该是培养睿智的人。学生在理论教学中所获取的法学知识是固定的、僵化的，只有在实践中通过无数次检验、验证，才能将法学知识转化为法学智慧，再将其应用到社会问题中，形成有来有往的吸入和输出的过程，凝练法学实践智慧。

（四）建构法学实践教学课程模块

递进式法学实践教学培养目标的实现有赖于法学实践教学课程的优化设置。法学实践教学课程的设置应充分体现循序渐进和层次性原则。法学本就是逻辑性和实践性极强的学科，学生对法学理论知识和实践知识的掌握应是一个不断提升和逐步提高的过程。构建、完善和丰富有层次性、阶段性和逻辑性的法学实践教学课程模块有助于实现培养有实务操作能力的法学人才目标。

1.基础技能模块

基础技能模块具体包括法律语言表达能力培训、社会调查能力培训、理论写作训练、疑难评析能力训练等课程。该模块设置的主要目的是培养法学专业学生作为法律人将来从事社会法律事务所需要具备的基础技能。在整个法学实践教学课程模块中，基础技能模块处于最底层，也是第一阶段的技能和最基本的技能。

2.专业技能模块

专业技能模块包括审判观摩、模拟法庭、法律咨询和专业实习四个板块。设置的目的是检验法学专业学生在掌握了法律基础技能之上是否具备了利用法学知识处理各类法律事务的实践能力。

3.拓展技能模块

拓展技能模块包括法律援助、毕业实习、毕业论文等课程，该模块有助于掌握了基础技能和专业技能的法学专业学生提升自身的综合法律事务处理能力和专业素养。其中，法律援助通过对家庭贫困或特殊案件当事人提供援助，既锻炼学生的基础技能和专业技能，也培养学生的法律职业素养和职业责任感，是实现法律知识、实用技能、职业素养"三位一体"综合提升的法学实践教学课程。

基础技能模块、专业技能模块、拓展技能模块形成了结构完整、层级分明的法学实践教学课程体系。

综上，明确法学实践教学的总体目标和具体目标，根据不同阶段，配置相应层级、不断深化的法学实践教学课程模块，引导学生进行法学实践教育，构建科学合理的法学实践教学体系，既可以使学生获得法律实践基本技能、法律实践专业能力和法律职业综合素养，同时又可以提升法学教育整体质量，培养高素质和具有综合能力的法学人才。

第七章　创新技术在法学
实践教学中的应用

第一节　人工智能在法学
实践教学中的应用

以人工智能、大数据、物联网、太空技术、生物技术、量子科技等为代表的第四次工业革命使得全球经济社会发展面临新一轮大发展、大变革、大调整，对高等教育的未来发展也不可避免地产生了剧烈的影响。大数据、人工智能、云计算、5G（第五代移动通信技术）等带来的信息革命将改变知识传播的途径，高校将成为知识集中与广播的开源平台。虚拟现实、人工智能、虚拟助理等技术将促进高等教育向智能化时代转型升级。处于智能化时代的十字路口，针对法学实践教学存在的现实问题，如何从内容到形式适应人工智能的发展，充分利用智慧法治建设的成果，是需要认真研究的重要课题。

一、法学实践教学应用人工智能的意义

随着人工智能产业的迅猛发展，智慧法治建设已经全面铺开，这势必对法学教育，尤其是法学实践教学提出新要求，带来新机遇。人工智能技术和智慧法治建设的成果应用于法学实践教学前景广阔，必将发挥积极的作用。

（一）法学实践教学要吸纳智慧法治建设的成果

基于人工智能的智慧法治建设突飞猛进，2017 年 4 月 20 日，最高人民法院印发《最高人民法院关于加快建设智慧法院的意见》，各地法院陆续将数字化智慧辅助系统应用于司法实践。杭州互联网法院、泉州等地智慧法院建设初现成效。同时，"法蝉""诉箭""无讼"等律师业务智能辅助平台已经被广泛应用，并取得了良好的效果。智慧法院、智慧检务、智慧律所、智慧仲裁等智能应用不断升级，正在以前所未有的形态改变着传统的法律行业。

人工智能技术应用不断地对教育模式产生影响，也对法学教育教学的各方面提出新的要求，法学教育必须做出积极的回应与变革。智慧法院、智慧检务的应用，对法学实践教学提出了新要求，法学专业学生在走向实务之前应当具备应用智慧工具的基本素养和技能。智慧法治建设的成果为解决法学教育实践性不足的难题提供了新的可能。相应地，法学实践教学除了利用好智慧法治建设的成果充实教学内容、丰富教学资源外，还承担着促进法学专业学生熟悉智慧司法、掌握智慧辅助系统等的实践教学任务。

（二）人工智能是提升法学实践教学水平的手段

虽然我国法学实践教学取得了显著成效，但是依然存在实践教学资源不足、实践教学活动尚不能紧跟司法实务，以及学校与实务部门的协同育人机制不畅、实践实训课程建设水平不高、实习和论文的信息化水平还比较落后等问题。人工智能应用和智慧法治建设的成果为解决这些问题提供了新契机。司法大数据的积累和智慧法治建设的成果将极大丰富实践教学资源，"互联网＋"条件下的智能司法平台建设将为高校与实务部门的沟通与协作提供新的途径，实践教学的内容与形式将发生变化，实践实训课将不再拘泥于课堂教学，专业实习也将不再完全依赖实践教学基地，司法大数据与智慧法治建设成果将极大提升法学实践教学水平。

（三）人工智能推进法学实践教学的改革创新

人工智能是深化学习和创新思维的有效手段。人工智能技术的核心在于算法，运用模拟人类智能的"神经网络"等算法对大数据进行分析研判。因此，人工智能在基于既定规则对数据（信息）进行分析方面，可以取代人类的部分职业。但是，人工智能无法形成自己的价值观，没有主体意识。因此，基于人工智能的特点，法学教育的重点应从知识的记忆和程式化应用，转移到价值评判和创造性思维。而要完成这一任务，法学实践教学是最主要的方式。只有通过实践，才能在知识的基础上，结合现实问题促进深度分析和研讨，形成正确的价值观和完善的法治思维，这是创造性的过程，是一种成长性思维。

人工智能技术有利于这一目标的实现，它可以移除课堂与真实生活之间的界限，创造一种恒定的、多维度的学习生态系统。在这样的学习生态系统中，经验学习更为顺畅和高效。人工智能技术将为经验学习营造具体的生活情境（包括现实的法律问题和真实的司法运行环境）。也就是说，应把学生带到特定环境中去，通过环境营造来促进学生有效学习。

教育者应和人工智能技术专家携手，共同开展对实践教学课程方案、教学过程和教学经验的研究，同时采用网络化教学模式，以便积累数据，形成"数据—算法—数据"的良性循环。如果说传统的案例教学、专业实习追求真实环境、真实问题，那么人工智能应用则有利于法学实践教学所需要的特定"真实环境"的营造。校内的实践教学资源和平台通过人工智能技术可以与实务部门联通、同步，突破时空的限制。"虚拟仿真"对于法学实践教学而言或许并不准确，因为未来可能是全真的。

随着人工智能应用和智慧法治资源的利用，未来的法学实践教学将呈现学生、教师、智能机器共同参与的特点。其中，学生是探究者、发现者、合作者，教师是服务于学生学习的支持者、引导者、组织者，人工智能（机器）在物理、虚拟空间并存，具有协同开放、多维共生、智能增强的特点，教与学之间的交互耦合前所未有，形成人机共生的学习系统，人机协作、师生交互将成为常态。在这样的教学模式里，人工智能（智慧教学辅助系统）将时时伴随、服务师生的互动和成长，围绕学习的需要，提供知识支撑和知识整理的阶段性成果，链接法治建设的现实问题和需求。教师在组织实践教学过程中，有了智慧助理的支撑，可以将主要精力用于隐性知识的传授。

二、法学实践教学中人工智能的应用方案

目前，人工智能在法学实践教学中的应用尚处于起步阶段。国内外法学界的研究聚焦于人工智能法学与科技伦理问题，针对人工智能在法学实践教学中的应用研究不多。在实践层面，已有基于司法大数据的类案推送研究，有一批法学虚拟仿真实践教学项目已经投入使用，智能办案辅助系统逐渐被引入高校，并应用于实践教学活动。

（一）类案推送在案例教学中的应用

案例教学，是一种开放式、互动式的新型教学方式。通常，案例教学要经过事先周密的策划和准备，要使用特定的案例并指导学生提前阅读，要组织学生开展讨论或争论，形成反复的互动与交流，并且案例教学一般要结合一定理论，通过各种信息、知识、经验、观点的碰撞来达到启示理论和启发思维的目的。各政法院校在案例教学方面已经积累了丰富的经验，但是在关键的案例库建设方面尚处于起步阶段。传统的案例库或是教师根据理论讲授的需要对案情的主观裁剪，或是与实务部门达成协议对典型案件材料的收集整理。经过主观改造后的案例虽然有利于理论模型的讲解，但却无法呈现出现实问题的复杂性和影响裁判的多元因素。尽管部分政法院校从司法机关那里得到了一些真实的案件材料（包括处理过的卷宗复印件），但是这些案件一方面不见得是合适的

案件；另一方面更新缓慢，往往存在不能客观反映案件真实面貌等现实问题。

随着司法大数据建设和类案推送技术的发展，这一问题可得到根本性的解决。智慧法院、智慧检务、智慧律所等智慧系统的打造，将不断沉淀丰富的裁判文书等结构化数据资源和电子卷宗、庭审录像等非结构化数据资源，这有利于典型案例的收集和类案的分析，能给现有的案例教学提供科学、客观、丰富的素材。

类案推送不仅服务于案例教学，还会对学生毕业论文写作产生一定的积极影响。传统的本科论文的写作与辅导方式呈现形式化的缺陷，学生在教师的辅导下虽然掌握了写作的基本技巧与规范，但是，由于与司法实践脱节，问题意识不强的问题十分突出。当基于司法大数据的类案推送成为可能，学生可以接触到最鲜活的素材，可以在教师或司法人员的指导下对案例进行知识整理和类案分析，并从中检验理论的科学性，真正实现理论与实践的交融。

（二）智慧助理在专业实习中的应用

智慧法治建设的重要成果之一是智慧辅助系统（智慧助理）的打造。无论是法官、检察官、律师，均可以时时处处得到智慧助理的支撑和服务。这同样可以为法学实践教学所用，尤其是在提升专业实习的规范化水平方面。

在传统的专业实习过程中，往往是实习基地的实务专家担任指导教师，专任教师的参与度普遍不高。在这种情况下，对实习的指导取决于实务导师的水平和热情。因而，实习内容往往缺乏规范性，实习目标是否达成也缺乏有效的评估。如果智慧助理能够用于专业实习，那么一些常见的一般性问题就可以得到及时辅助。随着智慧助理的使用和问答数据的积累，人工智能算法可以不断迭代，智慧助理可以得到持续完善，解决实习过程中越来越多的疑难问题。对于一般的常识性问题和共性问题，学生就不需要向专任教师或实务导师咨询。

随着智慧法治建设的不断完善和智慧助理的改进，校内实践教学条件将呈现出全新的面貌。高校可以在校内打造人工智能实践教学云平台和虚拟仿真教学环境，基于智慧助理，这样的教学资源和环境就内容而言，可以是全真的、动态的，与实务部门无缝对接。无论是内容还是形式，都可以与智慧法院、智慧检务、智慧律所系统进行连接，实现双向、同步互动。在不断强化校外实践教学基础的同时，与实务部门携手打造校内实践教学基础，是未来必然的发展方向。通过虚拟现实技术等，智慧助理可以为实践教学营造更具亲临感的环境条件，使实务部门进行专业实习无法实现的环节，可以在校内实践教学环境下达成。传统的诊所式法律教育在新的智能化环境下也可以焕发新的生机。

（三）智慧辅助系统在普法与诉讼服务中的应用

多年来，在校法学专业学生的法律服务工作已经取得了可喜的成效，参与普法工作已经成为法学专业学生开展法学实践活动的有效方式。随着智慧辅助系统的应用，法学专业学生开展法律服务（诉讼服务）、普法宣传活动将变得更为便利、广泛。有了智慧辅助系统，法学专业学生可以及时获取咨询案件所需要的基础知识，得到典型案件的办案指导，得到类案处理的第一手资料，这不仅提高了法律服务和普法宣传的效率，而且有助于法学专业学生在此过程中对法律问题和社会实践的深度思考。有了智慧辅助系统，学生可以及时处理许多基础问题，这有利于节省资源。有了智慧辅助系统，高校教师有时间、精力就深层次问题、疑难问题与学生展开互动，这在一定程度上拓展了法学实践教学的样态，为法治建设做出一定贡献。

随着智慧辅助系统不断完善，法学专业学生越来越多地参与诉讼服务和普法宣传，提高了法律素养。法学专业学生在运用人工智能系统参与法律适用活动的过程中，能够对智慧法治的发展方向和法治建设的现实需求进行全方位的体验，在实操中逐渐明确自己的职业规划，尽快融入法律职业共同体。

三、法学实践教学中人工智能应用的措施

人工智能在法学实践教学中的应用，面临着诸多困难和障碍。对于法学专业师生而言，大多不具备基本的人工智能理论素养和技术应用能力。更为关键的问题是实务部门的协助，如果没有实务部门与高校之间密切、全面的配合，智慧法治建设的成果不可能共享、应用于法学实践教学。因此，改造现有的法学专业人才培养模式，转变法学实践教学理念，推进协同创新，是实现人工智能在法学实践教学中广泛应用的必然选择。

（一）学生学习方法的调整

人工智能时代对法学专业学生的素质和能力提出了新的要求。法学专业学生不仅要有扎实的法学功底，而且要对人工智能的基本原理、智慧法治建设的发展现状、智慧辅助系统的应用等有所了解。基于智能技术整合的学习空间的架构，自主学习成为常态，学生将真正成为学习的主体和主导者。法学专业学生面对教育模式的变革，必须尽快适应自主学习、个性化学习，尝试通过智慧辅助系统完成自己的学习任务，并不断确定更高的学习目标，不能再过分依赖教师的指导。教师不再是知识传授者，课堂不再是教师唱独角戏的舞台，师生之间就法律适用疑难问题和价值取舍的深度互动将成为学习的主要形式。

人工智能时代的法学教育必将突破传统的课程、校园、实习基地等概念，法学实践教学将渗透法学教育的全过程、全方位。法学专业学生需要适应未来线上与线下相结合的开放式校园的样态，树立泛在学习的理念。在人工智能时代，课堂不仅仅是在教室内的案例研讨，实习也不仅仅是在实习基地的锻炼，法学实践教学的方式方法将更加多元化，学生可以通过诉讼服务、法治宣传、协助司法人员进行案例知识整理等多样化的形式，提高运用理论联系实践的能力，形成创新性、批判性思维。

在人工智能时代，将自己打造成"法律＋人工智能"复合型人才，是法学专业学生的努力方向。高素质法学人才既要有良好的法学素养，又要有娴熟的人工智能应用能力，具有这种复合能力的法学专业学生将越来越受到用人单位的追捧。因此，法学专业学生要注重自身复合性知识结构的打造和综合能力的培养。由于知识获取和学习变得越来越方便，学习的实践性将增强，学习重点应是知识的深度挖掘和研讨，学习的深度和难度将会增加，法学专业学生要从思想上要有所准备，以应对时代的挑战。

（二）教师教学方式的转变

人工智能在法学教育，尤其是在法学实践教学中的应用，对法学教师提出新的要求，不少法学教师开始转变教学方式。传统的教育思想和教学理念比较注重知识传授，教师往往没有足够的时间和精力与学生进行深度沟通，对知识进行深层次的解析以及实践运用的研讨。随着司法大数据和人工智能的应用，学生将不再满足于教师在课堂教学中对概念性知识的传授，而更关注理论知识在实践中的应用，以及由此而产生的对知识深层次的解读。新的需求倒逼教师必须关注司法实践和智慧法治建设的现状，在系统讲授的基础上，恰当应用实践教学，以激发学生学习的积极性和主动性，提高学生的学习效果。正如之前在计算机逐渐应用于高等教育时，教师必须掌握多媒体教学手段那样，当人类进入人工智能时代，合格的高校教师必须掌握人工智能法学的基本内容，能熟练运用智慧辅助系统。

对于法学教师而言，启发者、经验交流者、体验分享人的角色成分会显著增强。教师的权威不在于学生无条件的服从，而在于是否能够有力地引导、激发、启发学生的心智。在师生互动的过程中，个性化的问题和创新观点不断涌现，有创新思维和创造能力的教师才能更好地担当教学任务，这无疑也对教师的学科知识水平和职业素养提出了更高的要求。面对新要求，教师需要转变角色定位，转变教育教学方法，利用人工智能，强化教学的实践性，重塑教育的新形象。

当人工智能进入高等教育，教师要适时转变自己的角色定位，更加注重育人的角色。在人工智能的辅助下，教师可以通过法学实践教学，引导学生直面司法实践中存在的真实问题，使学生分析问题、解决问题，使学生养成良好的法律职业伦理。

（三）法律共同体协同推进责任的落实

虽然法学实践教学是高校与实务部门的共同责任的观念已经逐渐得到肯定，但是，在具体操作过程中，校内的实践教学与实践教学基地的专业实习之间往往难以形成合力。随着人工智能在法学教育中的应用，以及智慧法治建设的完善，融合式教育成为可能，从根本上破除高校与实务部门之间的壁垒也成为可能。

融合式教育通过整合通识教育、专业教育、行业教育、管理教育，把学习、实习、在岗训练、创业和未来发展融合起来，促进价值链创造和价值链共享，形成学、研、训、创、产高度融合的一种新型教育模式。当下，随着智慧法院、智慧检察院、智慧律所的建设，为了提高智慧辅助系统的建设水平，实务部门对高校师生广泛参与的需求越来越迫切。智慧法治建设需要法学专家的参与其中以提供理论上的支撑；大量的案例需要经过知识整理，才能为智慧法治提供数据基础，这也需要师生的广泛参与。同样，高校也存在参与智慧法治建设、完善法学实践教学的现实需求。人工智能与智慧法治建设成为连接高校与法治实务部门的新通道、新形式。"学校+实务部门+人工智能"的新模式将成为未来法学人才培养的主要模式。

人工智能在法学实践教学中的应用，为法学教育开启了一扇光明之窗，有助于优化法学实践教学模式，提升实践教学水平。诚然，当下的人工智能还处于弱人工智能发展阶段，智慧法治建设也刚刚起步，无论是司法大数据建设，还是智慧辅助系统的打造，都存在诸多的技术困难和行业壁垒，运用人工智能技术和智慧法治建设的成果推进法学实践教学变革还有不少障碍和困难。但是，法学实践教学的迭代升级势不可当，只有抓住发展的机遇，抢占先机，才能在人工智能时代引领法学教育的发展变革。法学教育的智能化，不仅需要高校师生转变观念，整合资源，深度参与法治建设，也需要法治实务部门承担起法学人才培养的责任，更需要国家对产学研一体化推进法学实践教学做出基层设计和整体安排。

第二节　大数据思维在法学
实践教学中的应用

随着互联网的发展，人类已经进入数字时代，面对知识的迭代，网络社区、人工智能的发展，法学教育仅仅以传授法律知识、培养法律技能为教学目标的理念面临不小的挑战。作为教育者，高校教师不能只满足于知识的传输，要教会学生如何借助现代化的工具和方式获取知识、提升智能，而将大数据思维应用于法学实践教学恰恰迎合了这一需求。

一、大数据思维的主要特征

大数据，或称巨量资料，指的是所涉及的资料量规模巨大到无法透过主流软件工具，在合理时间内达到撷取、管理、处理并整理成为帮助企业经营决策更积极目的的资讯。应用大数据不仅要完善技术，更重要的是建立大数据思维。

大数据固然有"海量数据"的本意，但是更强调"数据为大"的思维方式。大数据思维在强调对多元数据全方位、全程化收集的基础上更加重视对数据全面深入的挖掘和分析，从而发现规律，寻找价值，以此指导决策，因此，大数据思维的核心应当是"预测"。大数据带来的思维变革对人类的认知方式提出了挑战，大数据思维应当具有以下特征：

第一，数据化。任何事物、现象、行为都可以由数据构成。随着现代传感技术的发展，人类数据化的范围和速度都获得了前所未有的提升，最终这些事物、现象都可以以结构化或者非结构化的形式展示出来，从而构成大数据预测的基础。

第二，重混性。所谓重混就是数据的重新组合或者事物的重新组合。数据曾经以静态的模式沉积在数据库中，当数据的量达到一定的限度即"大数据"时，数据会在不同组合中表现出规律、价值等，呈现新的样态。信息流在数据中不停拆解、组合，产生新的事物、新的信息。

第三，关联性。所有的数据既是独立的个体也是一个彼此随时可以关联的整体，有些数据看起来毫不相关，却具有相当高的"黏附性"，通过分析总能找到关联点和关联的原因，这对于分析教育中教育对象的行为模式会有很大的帮助。

二、大数据思维融入法学实践教学的必要性

互联网迎来"移动"时代，任何一个微终端都可以成为学习的工具，这种学习突破了时间、空间的限制，方便快捷，但是信息的过于分散和碎片化使学习者无法形成体系性知识的学习模型。大数据的应用恰恰是碎片化信息的克星，以数据存储、共享和检索为主要功能的云计算、云存储等技术迅猛发展，各大云存储平台纷纷推出移动终端应用，强调多屏共享，云技术和移动互联的

结合，形成强大的信息收集、整合、存储和检索能力。与此同时，数据积累的商业和经济价值使各大互联网应用越来越倾向于打造行业内信息和数据共享、交换的平台，而实践性教学最突出的特征是动态性，实践教学的师生要面临大量的实务训练和场景模拟，不确定性和动态性使实践教学耗时耗力，在教学效果上还难以检测，互联网技术带来强大的信息收集、整合、存储和检索能力，有利于解决传统实践教学的困境。

目前，在法学实践性教学中，模拟、实务锻炼等实践教学方式一直在传统语境中运行，但是由于实践教学的动态性和不确定性，对实践过程的跟踪和把控很难实现，实践教学测评体系也始终无法科学构建，以学生为主导的课堂由于精准教学目标的缺位依然是教师自主设定而缺少学生参与。大数据时代对教学资源系统提出了巨大的挑战，教师在适应时代发展的同时，更应抓住机遇，对教学资源进行整合，借助科学技术使沉淀的数据发挥作用。

三、法学实践教学中的大数据思维变革

随着数据信息的生产、数据思维的养成，数据以流动的姿态融入教学的各个环节和教学中的每一个角色。随着数据的流动，教学环节之间可以翻转，教学主体之间界限模糊，教育系统的传统结构开始解构。

（一）大数据思维引发法学实践教育理念的转变

教育理念是教育研究者、设计者、实践者乃至整个民族经过长期理论和实践方面的不断蕴蓄而形成的关于教育价值取向的理性信念。大数据时代的技术进步使得数据信息的收集、存储、交换、挖掘和使用等都成为可能，在这种情况下，知识被解放出来，这也为个性化教育指引了实践方向。法学实践教育长期以来渴望通过技能的培养、现实的锻炼塑造和培养法学人才，但是随着人工

智能的快速发展，法学人才的培养方向仅仅以能力为本位已经不足以应对社会的快速发展和现实需求，法学实践教育理念不仅仅要突出学生的主体地位更应该快速提升学生的学习力。

在大数据时代，传统的以教师为中心的教学观受到了前所未有的冲击和挑战，取而代之的是以学生为中心的自主学习观和资源价值发展观。教师的教学理念由学生能力培养转变为挖掘学生潜力，指引学生寻求最佳学习路径。此外，教师还要擅长数据梳理、评估结果、搭建教学模型等。

（二）大数据思维助力法学实践教学的评估预测

在云计算、物联网、大数据的背景下，以大数据为支撑的新型现代教育决策逐渐推动教育创新与变革。数据分析软件，如 Spass、Amos 等，提供了便捷的数据挖掘方法和技术，这为教学规律分析、教学问题梳理提供了帮助。

法学实践教学强调经验式学习，但是经验式学习具有很强的个体差异性，每个人的体验需求、兴趣都不同，传统的法学实践教学无法满足经验型学习的个体差异需求，如果能构建大数据思维并运用大数据技术抓取实践教学数据就可以得到学生学习行为数据，预测学生即将发生的行为和结果，以此来满足各具特色的学生学习需求，真正做到以学生为中心。

（三）大数据思维改变法学实践教学的方式

法学实践教学一直由于高成本、高投入而被列入精英教育，受众面较小。如果引入大数据思维，延展法学实践教学的时空场域，降低学生对传统课堂的依赖，那么不仅可以大大降低实践教学成本，更可以让每一位法学专业学生接受法律实训，进入法律场景模拟课程，进行体验式学习。学生只需要一个账号就可以登录系统，在任何时间、任何地点不限次数地反复学习，教师则根据学生登录状态、点击频率掌握学生学习情况以及存在的问题。大数据思维颠覆了传统课堂教学方式，打破时间、空间的限制，为每一个学习个体"私人定制"，最终实现精英教育大众化。

四、法学实践教学中的大数据运用

法学教育在高等教育中具有重要地位。在法学实践教学中，教师借助大数据分析可以了解学生的真实需求，从而真正开展以"学生为中心"的教学设计，也真正实现个性化教育。

（一）实践学习中的共享协作学习

传统的法学实践学习强调团队合作，但是，这种合作对时间、地点、个体差异度要求很高，甚至经济成本也较高。应用大数据，有利于解决上述问题。基于大数据、云平台、物联网，利用多媒体和网络信息技术搭建开放的教育管理平台，一方面可以实现教育教学资源共建共享，信息资源协作整合，另一方面可以促进学习者之间的合作。例如，团队协作流程在线管理工具，可以将受案的文书、案例等直接放在项目中，方便每一位团队成员都可以看到，也方便成员展开实时讨论。此外，团队协作流程在线管理工具还可以对案件进行细分，比如民事案件、刑事案件、行政案件等，这有利于案件的存档、团队成员的管理等，同时，在一定程度上也加快了办理该案的流程，保证了团队合作的规范化，提高了团队协作的效率。

（二）建立学习预警系统

大数据时代的教育数据是分层的，每个层次都蕴含富有价值的数据。高校的学生进入实践实训系统后，由于自身的差异以及训练目标的不同，可能会有不同的训练效果。例如，有的学生在初级层就出现问题，有的学生在中级层就出现问题，有的学生在高级层就出现问题等。虽然不同的学生在不同的层级出现问题，但是如果对数据进行关联分析，就能找到背后的联系。基于此，教师可借助大数据建立关于每个学生的学习预警系统，以制定有针对性的训练方案，提前发现问题，而不是到课程结束后再发现问题。

以麦客表单为例，设计面试内容就是初级层信息的收集过程。法律实践课通常会有一个招募新学员的程序，教师可制定一份具有针对性的表单，学生只需要关注公众号就可以填写，一旦提交，学生信息已经作为数据储存在系统中，表单也会自动生成可视化分析，方便实训教师提取学生相关信息。在实训中（中级层），教师还可利用麦客表单设计法律案例的教学模拟活动，将麦客表单中的指令表单设置为定时打开，以及时看到学生提交的预期分析、策略准备、法律准备等内容，然后启动相应的模拟程序。教师通过观察学生提交的相关材料了解学生知识掌握情况，通过模拟中的表现发现学生法律技能问题。借助大数据分析工具，教师可以预判学生的学习问题，并输入预警系统，制定更加切实可行的教育教学措施。

随着大数据时代的到来，法学实践教学亟须改革。教师应适时转变教育理念，遵循教育规律，借助大数据充分挖掘教育数据背后的价值，以不断提升教学质量，达到育人目的。

第三节 "互联网＋"背景下法学实践教学平台的应用

法学学科是实践性很强的学科，法学教育要处理好知识教学和实践教学的关系。加强和改进法学实践教学既是卓越法学人才培养目标的要求，又是新文科背景下人才培养的重点环节。传统的法学实践教学平台虽然对提升学生的法律实践技能起到了积极作用,但随着教学活动的持续推进,其弊端也逐步显现。而建设和应用"互联网+"实践教学平台对弥补传统法学实践教学平台的不足,创新法学实践教学路径具有重要意义。

所谓"互联网+"实践教学平台是指以网络为媒介,以信息化为主线,具有多元主体参与性和交互性的仿真网络教学空间。虚拟仿真实验教学借助现代信息技术、人工智能技术等,实现了"网上做实验"和"虚拟做真实验",有效解决了传统实验教学中做不到、做不了、做不上等的问题。高校建立"互联网+"法学实践教学平台,不仅有利于提高本校法学专业学生的专业技能和综合能力,还有利于创新、深化学校与法律实务部门的合作,实现资源共享。

随着信息技术的发展,"互联网+"、人工智能、虚拟仿真实践平台等创新性教学模式成为发展趋势,且越来越受到学生的欢迎。因此,如何建设和应用"互联网+"法学实践教学平台,弥补传统实践教学平台存在的不足,是法学教育中值得探讨的问题。

一、"互联网+"法学实践教学平台的优势

"互联网+"法学实践教学平台具有教学资源丰富、教学方式开放、师生交互性好等特点,克服了传统实践教学平台存在的教学资源单一、教学方式封闭、教学时间和空间受限等不足,更有利于学生法律职业能力的培养。因此,在传统法学实践教学平台的基础上,建立"互联网+"法学实践教学平台能够为学生提供更广阔、更便利的实践路径。"互联网+"法学实践教学平台的优势如下。

(一)教学资源——丰富

案例是法学实践教学必不可少的素材。在传统实践教学中,教师一般是通

过选取自己办理的案件或者从法院、律所等实务部门获取的案例进行加工、处理后提供给学生，案例的数量和种类都是有限的。而在信息时代，互联网为师生的教与学提供了取之不尽的素材，学生和老师可以足不出户获得更多的案例资源。

例如，教师在进行实践教学时，可以根据实践教学的课程目标、课程内容在中国裁判文书网上选择适宜的裁判文书作为案例素材，让学生从原告诉请或被告答辩，从取证到质证意见，从事实到法律规范等各方面进行分析和梳理，有利于学生全面把握具体案例。此外，教师也可以从法律文书写作、证据运用，庭审辩论等多方面培养学生的实践技能。

因此，建立和运用"互联网＋"法学实践教学平台，将互联网上适合的案例引入实践教学中，有利于教学资源的丰富和优化。

（二）教学方式——开放

庭审观摩是法学实践教学的重要内容。在传统实践教学中，学生只能在老师的带领下去法院观摩旁听，但法院能够提供的庭审数量、观摩的学生人数均有限，学校的可选择性较小。庭审观摩的作用也仅限于学生对庭审程序的一般了解，学生一般来不及思考实体问题，学生的思路也很难跟上庭审的节奏。建立"互联网＋"法学实践教学平台，可以将人民法院的庭审直播链接到校内模拟法庭，学生可以不受时间和空间的限制自行观看，这一定程度上也打破了校院之间的壁垒，优点主要表现在以下三方面：

第一，自主选择性更强。教师可以更有针对性地根据实践教学的要求选择庭审直播、回放的案例，并可以针对庭审案件的实体和程序预设问题，让学生带着问题观看直播或回放。

第二，便于学生思考。学生在观看庭审时可以随时暂停、重放、记录，还可以多次回放，有利于学生跟上庭审的节奏，便于学生发现问题、思考问题。

第三，有利于学生的个性化发展。除了老师要求观看的庭审直播外，学生还可以根据自己的知识储备、兴趣爱好等选择自己关注的领域或社会热点案例进行观摩，这有利于学生的个性化发展。

（三）教学过程——交互性、多元参与性

实践教学需要为学生提供多元参与的能够进行互动实训的路径。传统的法学模拟仿真实践教学平台，必须在确定的时间和地点把学生召集在一起进行角色扮演或者进行诊所咨询等。但由于场地、时间的限制，不能让每个学生体验到各种角色，达不到完全交互式体验的效果。而"互联网＋"法学实践教学平台能很好地解决这一问题。它可以将学生随机分组进行云互动，使学生分别以律师、当事人、法官、检察官等角色进行提问、谈判、辩论、开庭等。此外，学生之间还可以互换角色，体验不同职业角色的职能定位与特点。

这种"云互动"培养了学生的倾听能力、询问能力、思考能力、演说能力、辩论能力等。在学生进行云互动过程中，其他学生和老师也可以进入云平台进行观摩，互动结束后可以做出评价。一般情况下，角色扮演的学生对自己的优缺点并不自知，但通过"互联网＋"法学实践教学平台的回放，他们可以认识到自己的优势和不足，然后进行改进，这有利于学生的自我成长。

二、建设"互联网＋"法学实践教学平台的策略

"互联网＋"法学实践教学平台的建设应突出互联网的优势，充分利用社会已有成果，缩短开发和建设周期；将通用技术成果与开发专用软硬件相结合，将社会力量与学校自身力量相结合。构建线上学习资源、学生交互体验、教师线上评价有机结合的一体化的实验实训平台。

（一）收集法学线上学习资源，丰富教学素材

法学线上教学资源包括案例库、法律法规库、专家学者对热点案件的述评等内容。在案例库建设中，教师应根据案由选择适合的案例，每一案由下由多个真实案例组成。在教师的引导下，学生可以就每一个知识点，运用法学理论在线上展开分析、讨论，发表自己的观点。

以民法与民事诉讼法的实践教学为例，教师要可将案例库分为不同模块，每一模块下有相应的案例素材，按照一定的标准进行编排。例如，在合同编排中，根据合同的种类设置子模块，建立案例库。

为了保证案例库中的案例具有典型性、权威性和新颖性，所选案例应是最高人民法院近五年的指导性案例。学生通过研读，能够把握司法裁判的最新规则及其蕴含的法理。借助"互联网＋"法学实践教学平台，学生不仅可以看到源源不断的案例，而且可以查询到案件的最新进展情况。在建立案例库的过程中，教师不断更新和补充案例。

（二）建立线上互动体验实验室，加强职业训练

所谓线上互动体验实验室是指在平台中可以进行语音互动及视频交流并能够实时回放的体验式空间，这为学生创造了线上互动交流、角色模拟等机会，使学生在实践中获得知识。

例如，线上模拟法庭实验室。在此实验室中，学生可以进行实验预约、实验操作等活动，模拟法庭参与者能够同时参加体验，实验结束后，可以将视频或音频可上传到实验评价区，由教师和学生进行点评。这是"互联网＋"实践教学平台的独特优势，将实体性的模拟法庭、实训基地等教学资源置换成线上平台的模拟演练系统，使学生随时随地都能参加模拟演练，使学生足不出户便可以完成不同法律人的角色扮演，使学生能有针对性地锻炼角色所需职业技能。

线上模拟法庭的建设对技术的依赖性较高。首先，要设计标准化的审判流程；其次，要通过对音频、视频的信息采集，图像编解技术和集中控制技术等，结合多媒体与数据库的应用，实现对庭审过程的全记录，包括双方当事人的举证质证、书记员的庭审记录、案件承办人的庭审发问等。教师可积极探索基于区块链、大数据等技术的智能学习效果记录、转移、交换、认证等有效方式，让学生在信息系统的引导下反复参加庭审，熟悉庭审流程，积累庭审经验，提高适应未来智能化庭审环境的综合素养。

（三）构建"互联网＋"法学实践教学平台，形成实践空间

各法学院系应以本校法学实践教学内容为基础，搭建与实践教学体系一致的全面系统实践平台，争取使每一项实践教学环节都能在平台中找到相应的实训素材、实践场景，逐渐形成以学生职业发展为核心，引导学生自主学习、随时学习的全方位、立体化的学习空间。笔者认为，构建"互联网＋"法学实践教学平台，形成实践空间，可以从以下几方面着手：

第一，根据实践教学计划设置"互联网＋"法学实践教学平台。例如，根据法学专业实践教学计划进行设置。实践教学包括两个实践类课程和四种实习。两个实践类课程是诊所式法律课程和案例研讨课程。四种实习是认识实习、模拟法庭实习、法律诊所实习、毕业实习。因此，在平台设计中，应针对六种实践教学的目的、内容、要求分别设置相应的实践平台。

第二，根据实践项目的不同设置相应模块。以诊所式法律课程为例，在该项目中设置会见、咨询、文书写作、事实调查、谈判等五个模块。每一模块中设置或链接相应的实训素材和实训要求，学生按照要求分组完成相应实训任务后，教师端可以进行线上评价、打分，也可以实时查看各组学生的会见、谈判等进展情况，当场点评。

第三，根据内容的重要性设置虚拟仿真实践环节。例如，签订合同是实践

中最重要的法律行为，如何训练学生签订一份内容全面、表述规范、合法合规、风险最小化的合同是法律文书写作实训中最重要的内容之一。教师可以设置订立某种合同的软件，让学生按流程提示，填写合同的基本信息。然后，平台会自动生成一份完整的制式合同。在此基础上，学生再依据实训素材及自己所代表一方的利益，对合同条款进行修改和完善并提交。由于所有学生都是在同一合同文本基础上进行的修改，因此，教师在评阅时，更能区分学生的写作能力。

（四）营造"互联网＋"实践教学环境，提高教师创新力

高校应重视法学数字化教学建设，成立专门机构管理线上教育，组织教师进行相关学习和专门培训，提升教师的信息化教学能力。此外，高校还可在课堂教学管理中要强化互联网技术应用考核，将线上实践教学列为教学竞赛内容，将实践教学方法、训练方式、学生参与场景、互动交流、线上资源利用情况（网址链接或文本链接）、音视频等因素作为评分标准，以此推动"互联网＋"实践教学的不断发展。

（五）建立"互联网＋"法学实践教学评估体系，提高实践积极性

在传统的法学实践教学中，教师主要根据学生提交的书面材料，比如实习报告、案例分析报告、模拟法庭案卷等进行评价，或者由实习基地的指导教师对学生的实习情况进行评价。但因校内指导教师无法全程参与学生的法学实践过程，所以教师在测评成绩时缺乏客观依据，给分随意性较大。因此，教师可充分利用"互联网＋"实践教学平台数据化、信息化、交互性、可视化等优势，建立科学的多维度评价体系。例如：引入积分制和信用值，使学生通过前一阶段的学习实践获得一定积分后才能进入下一阶段。学生通过分阶段的实践获得足够积分后，才可获得参与考试、考评的资格。教师可根据学生最终获得的积

分来测评学生成绩。

借助"互联网＋"法学实践教学平台，教师评价时还可以创建校内教师、校外指导教师、学生等多元评价主体，以形成校内外教师评价与学生互评、学生自评相结合的评价体系。在评价时，通过设定和采用科学化、信息化、电子化的晋级和考评机制，提高学生学习积极性和自觉性，从而形成以过程性评价为主的数据型评估体系。

"互联网＋"法学实践教学平台的建设和使用适应了信息化、智能化和网络化的时代背景，使学生能够在线上实时参与、沉浸在"真实"的法律场景中，体验感受法律人的职业过程，激发学生学习兴趣，提升了学生的学习能力，锻炼了学生的实践能力，为培养应用型法学人才提供更广阔的空间。

教育部从 2013 年开始推动全国高校探索虚拟仿真实验教学资源建设；2018 年上线了"实验空间"虚拟仿真实验教学平台，为全国高校提供了虚拟仿真课程开放共享服务；2020 年，教育部认定了 5 118 门课程为首批国家级一流本科课程，其中虚拟仿真实验教学一流课程 728 门。法学属于国家虚拟仿真实验教学项目认定的学科专业范围。因此，各高校应抓住机遇，结合本校法学实践教学的特色，开发出自己的虚拟仿真实验平台，深入研究虚拟平台上情景教学法的应用与实践。同时，为了激发学生学习的积极性和主动性，在选取脚本时，可让学生根据自己的兴趣选择和设计脚本，以推动虚拟仿真实验教学的实施。还不具备建设虚拟仿真实验平台的高校，可以与先进院校合作，把已有的适合本校的虚拟仿真平台"引进来"，如法律谈判仿真实验、模拟审判仿真实验，通过合作实现资源共享。

参 考 文 献

[1] 包振宇. 我国法学本科教育人才素质培养目标研究[J]. 学理论，2011（15）：284-285.

[2] 包振宇. 新时期我国法学本科教育人才培养目标的再定位[J]. 人才开发，2011（4）：52-54.

[3] 蔡立东，刘晓林. 新时代法学实践教学的性质及其实现方式[J]. 法制与社会发展，2018，24（5）：93-101.

[4] 陈兵，俞悦. 可控型法学实践教学体系探索[J]. 中国大学教学，2014（5）：70-73.

[5] 陈京春. 论法学实践教学与现代信息技术的深度融合[J]. 法学教育研究，2019，25（2）：331-343.

[6] 陈京春. 人工智能时代法学实践教学的变革[J]. 山东社会科学，2020（11）：86-90，96.

[7] 陈京春. 人工智能在法学实践教学中的应用研究[J]. 法学教育研究，2020，31（4）：185-196.

[8] 陈伟. 法学学术型硕士研究生实务能力培养探究[J]. 朝阳法律评论，2015（1）：208-220.

[9] 陈彦艳，董占军，张瑞军. 法学实训教程[M]. 北京：经济管理出版社，2018.

[10] 陈治. 法学虚拟教学平台建设的模式、效应与展望[J]. 法学教育研究，2017，18（3）：189-204，372.

[11] 邓建鹏. 应用型法学人才的实践能力及实现途径[J]. 当代法学，2012，26（6）：151-157.

[12] 邓勇胜.关于法学实践教学的思考[J].厦门广播电视大学学报，2018，21（2）：67-72.

[13] 杜忠连，杨晓静，张明利.构建高校法学立体化实践教学体系的思考[J].黑龙江教育学院学报，2016，35（5）：36-38.

[14] 段冰.高校法学实践教学体系的构建与优化[J].教育与职业，2015（27）：89-91.

[15] 段辉艳，罗丽琳.递进式法学实践教学体系的探讨与实践[M].北京：知识产权出版社，2013.

[16] 范淼，赵嵩.应用型法学人才培养模式研究：以刑事模拟法庭教学方法为例[J].法制与经济，2020（7）：126-128.

[17] 范水兰.应用型法学人才培养目标下经济法教学的改革与创新[J].法制与社会，2014（6）：221-222.

[18] 房文翠.法学教育中的法学实践教学原则[J].中国大学教学，2010（6）：72-74.

[19] 冯瑞琳，王至宇，周子璇."互联网＋"高校法学实践教学平台的建设与应用[J].河北工程大学学报（社会科学版），2021，38（4）：117-122.

[20] 高耀清.应用型法学人才培养理念下模拟法庭仿真教学改革探讨[J].时代经贸，2020（29）：97-99.

[21] 高宇.诊所式法律教育问题与对策研究[J].法制博览，2019（5）：87.

[22] 谷永超.法学专业实践教学体系的研究与实践[J].高等函授学报（哲学社会科学版），2011，24（12）：56-58.

[23] 郝艳兵.法治中国语境下的法律人才培养模式研究[M].成都：西南交通大学出版社，2015.

[24] 胡佳艳.应用型法学人才培养模式探究[J].法制与社会，2020（5）：204-205.

[25] 季连帅.新时代特色应用型本科高校法学人才培养模式的实践与研究

[J].哈尔滨学院学报，2020，41（4）：118-121.

[26] 贾秀琴.学术型与应用型法学人才培养之探索[J].法制与社会，2012（13）：230-231.

[27] 江军辉.法学专业实践教学体系构建研究[J].安康学院学报，2009，21（3）：108-111.

[28] 蒋梅.基于现代教学设计理论的法学实践教学设计[J].教育研究，2012，33（2）：129-133.

[29] 邹晓红，齐秀梅.法学实践教学新探[J].教育与职业，2012（18）：153-154.

[30] 靳超.应用型本科在国家标准中法学人才培养模式设置与研究[J].法制博览，2020（26）：166-168.

[31] 雷磊.法教义学的基本立场[J].北大法律评论.2016，17（2）：241-242.

[32] 李慧颖.新时代法学实践教学的性质及其实现方式研究[J].现代经济信息，2019（11）：474.

[33] 李林涛.浅谈诊所式法律教育[J].才智，2014（11）：145.

[34] 凌萍萍.法学实践综合教程[M].北京：气象出版社，2016.

[35] 刘杰.专业社团建设视角下的公安院校法学实践教学创新[J].教育与职业，2014（24）：152-153.

[36] 刘蕾.法学实践教学改革与卓越法律人才培养[J].教育评论，2013（2）：99-101.

[37] 刘莉.法学实践教学中的大数据思维及其应用[J].长春教育学院学报，2018，34（11）：49-52.

[38] 梅龙生.论法学实践教学体系的完善[J].河南教育学院学报（哲学社会科学版），2016，35（6）：99-103.

[39] 邵文涛.我国本科法学教育中实践教学体系的构建与运行[D].济南：山东师范大学，2008.

[40] 田开友，阮洪伟.论法律辅助人才培养模式的变革[J].当代教育论坛（管理研究），2010（9）：73-75.

[41] 王晨光.法学教育的宗旨[M].北京：北京大学出版社，2016.

[42] 王晴晴.中国古代法学教育初探[J].湖南科技学院学报，2015，36（10）：152-154.

[43] 王翔.应用型法学人才培养探析[J].法制与社会，2020（24）：175-176.

[44] 王秀荣.法教义学方法在我国法学教育中的应用研究[D].武汉：华中科技大学，2019.

[45] 王莹，王瑜.政校共建法律职业辅助人才精准培养模式研究[J].教育教学论坛，2021（18）：180-184.

[46] 王媛，韦瑞.学生视角下的完善法学实践教学研究[J].法制博览，2017（17）：71-73.

[47] 王占启.论我国法学实践教学的改革与完善[J].法制与社会，2019（10）：200-201.

[48] 吴跃章.论法学本科教育的人才培养目标[J].甘肃政法学院学报，2005（6）：112-116.

[49] 徐宜可.新时期我国法学教育的创新路径探析[J].改革与开放，2016（12）：95.

[50] 徐长云.法学理论与实践研究[M].哈尔滨：黑龙江人民出版社，2007.

[51] 杨丽芳，王晓宇.高职与普通法学本科"3＋2"模式下实践教学考核体系的构建[J].西部素质教育，2016，2（15）：89.

[52] 杨铁军.地方应用型院校法学本科人才培养研究[J].大庆师范学院学报，2020，40（2）：114-121.

[53] 杨显滨.论当代中国法律本质的应然归属[J].法学论坛，2014，29（1）：63.

[54] 杨馨淼，陈慧.新时代模拟法庭在高校法学应用型人才培养中的应用发展

研究[J].法制与社会，2021（20）：149-151.

[55] 杨玉泉.创新法律辅助人才培养模式[J].邢台职业技术学院学报，2011，28（5）：12-14.

[56] 张守波.基层法律服务视角下的法学实践教学[J].教育与职业，2014（30）：159-160.

[57] 张小玲，程华.法学实践教学的比较与借鉴[J].河南警察学院学报，2014，23（4）：77-82.

[58] 赵群.应用型法学人才培养实践改革[J].法制与社会，2020（21）：163-164.